Zimmerbonsai

AUTOR: JOCHEN A. PFISTERER | FOTOS: ALEXANDER EHHALT

Inhalt

4 Zimmerbonsai-Praxis

26 Pflanzen-Porträts

Extras

Zimmerbonsai-Praxis

Bonsai sind Pflanzen, die nach bestimmten Schönheitsidealen
gestaltet sind und die man in attraktiven Gefäßen kultiviert.
Zimmerbonsai stammen aus Regionen ohne strenge Winter,
deshalb hält man sie bei uns in der Wohnung.

Einführung und Geschichte

Das Wort Bonsai setzt sich aus zwei japanischen Schriftzeichen zusammen. »Bon« bedeutet »Schale« und »Sai« heißt »Baum«. Es handelt sich dabei um Bäume, die so gestaltet sind, dass sie als kleine, überzeugende Abbilder alter Baumriesen erscheinen. Ihre ursprüngliche Aufgabe ist es, beim Betrachter das Gefühl einer völligen Harmonie zwischen Mensch und Natur zu erzeugen.

Die Kunst der Bonsai-Gestaltung ist über 1000 Jahre alt. Sie stammt ursprünglich aus China. Dort werden die kleinen Bäume »Penjing« genannt, was »Landschaft in der Schale« bedeutet. Folgerichtig gibt es in China sowohl kunstvoll gestaltete Einzelbäume (Shumu Penjing) als auch Bäume in Landschaftsszenen (Shanshui Penjing) sowie Landschaften mit Wasserbereichen und Bäumen (Shuihan Penjing). Die Schale macht das Arrangement transportabel, sodass je nach Wetter und Jahreszeit andere Bäume in der Wohnung aufgestellt werden können.

Bonsai als Meditationsobjekte

Der Betrachter eines Bonsai will sich durch innere Versenkung in die Kräfte der Natur einstimmen. Im Verlauf der Meditation will der Mensch den Baum so intensiv erspüren, dass er gewissermaßen fühlen kann, wie die Säfte in seinem Stamm auf- und absteigen, wie sich seine Äste strecken, die Blätter das Licht einfangen. Der Grund ist die besondere Beziehung der ostasiatischen Kulturen zur umgebenden Natur. Tiere, Pflanzen, selbst Berge, Quellen usw. werden hier nicht als rangniedere oder unbelebte Objekte gesehen, sondern als dem Menschen gleichwertig und verehrungswürdig. Das gilt vor allem für Wesen, die besonders alt sind oder besonders alt werden können – wie etwa Bäume.

Mensch und Bonsai

In Fernost gilt der Mensch als eine der vielen Daseinsformen innerhalb der Natur. Um in einem späteren Leben eine höhere Daseinsform zu erreichen, sollte der Mensch jene Abgeklärtheit erreichen, wie sie sich erst im hohen Alter einstellt. Dabei kann die Meditation vor altehrwürdigen Wesen wie einem alten Baum helfen.

Wilde Landschaften mit alten Bäumen stehen meist weit weg von menschlichen Behausungen. Um sich mühsame Wanderungen zu ersparen, ließen sich chinesische Adlige Landschaften im Kleinen in ihren Palastgärten nachgestalten. So lernten ihre Gärtner Felsen zu arrangieren und junge Bäume so zu beschneiden, dass sie uralt wirkten. Eine Kunst, die vor allem in den Tempel- und Teegärten Japans noch heute gepflegt wird. China hat über viele Jahrhunderte seine Nachbarn beeinflusst. So kam neben Staatsphilosophie und Zen-Buddhismus auch die Gartenkunst nach Japan. Durch den Kontakt mit den dortigen Vorstellungen, vor allem dem Shinto-Glauben, entstand eine eigene Gartenkultur.

Der Natur nachempfunden

Japanische Bonsai unterscheiden sich deutlich von ihren chinesischen Vorbildern. Für den Europäer wirken sie natürlicher. Japanische Bonsai repräsentieren Charaktereigenschaften des Menschen. Sie zeigen, wie ein Baum trotz ungünstiger Verhältnisse überleben und alt werden kann. Da reckt sich ein Baum einseitig nach dem Licht (Shakan). Anstatt umzustürzen, entwickelt er eine mächtige Zugwurzel, die ihn im Gleichgewicht hält. Der Lebenskünstler (Moyogi) passt sich an die wechselnden Lichtverhältnisse im Wald an und schlängelt sich mit gewundenem Stamm ins Blätterdach über ihm. Wieder andere trotzen allen Einflüssen (Chokkan) und wachsen kerzengerade mit breit ausladenden Ästen.

Bonsai im Spiegel der Jahreszeiten

Traditionell werden Bonsai in einer Schmucknische, der Tokonoma, aufgestellt. Sie sind Teil eines Dreiklangs aus Baum, Begleitpflanze oder -stein und

Ursprünglich sind Bonsai Freilandpflanzen. Dieser alte Holzschnitt zeigt eine vornehme Dame im Winter bei der Gestaltung ihrer Bonsai.

Ein Mönch in blauer Robe liest in der Klosterbibliothek. An der Wand hinter ihm hängt ein Rollbild mit einem kalligraphisch geschriebenen Gedicht oder Sinnspruch, daneben steht ein noch junger Bonsai. Er soll die besinnliche Situation verstärken und den Mönch an die Natur und ihre Kräfte erinnern.

einem dazu passenden Rollbild, häufig eine Kalligraphie. Diese kann aus einem einzelnen Schriftzeichen bestehen oder ein Kurzgedicht, ein Haiku, wiedergeben. Berühmte japanische Dichter haben in ihren Haiku oft Situationen beschrieben, wie sie nur zu ganz bestimmten Jahreszeiten auftreten: Die Fledermaus jagt nur in Sommernächten, die Bäuerin singt beim Reispflanzen im Frühjahr, und die alte Graugans zieht im Herbst nach Süden.
Ein Bonsai in der Wohnung soll die Verbindung zur Natur draußen schaffen. Das geschieht einerseits durch die Wahl der Baumart, andererseits durch die Stilform. Wenn draußen die Frühjahrssonne scheint, wird der traditionsbewusste Japaner für seine Tokonoma einen frisch grünenden Laubbaum wählen, vielleicht mit Blüten, die sich gerade öffnen. Außerdem wird er einen Bonsai in einer heiter wirkenden Stilform wählen. Fegt dagegen der Herbststurm ums Haus, wird er in seiner Bonsai-Sammlung ein zähes Nadelgehölz auswählen, wahrscheinlich im »Windgepeitschten Stil« (Fukinagashi). Ändert sich das Wetter, wird umdekoriert.

Bonsai in Europa

Topfpflanzen in Europa haben eine völlig andere Tradition. Bei uns gelten Tiere und Pflanzen als dem Menschen untergeordnet. Wichtigstes Kriterium ist ihre Nützlichkeit. Im Topf wachsende Pflanzen dienen hierzulande der Dekoration, der Luftverbesserung, oder es handelt sich um Kräuter für die Küche. Dies änderte sich erst durch einen intensiveren Austausch mit asiatischen Ländern. Denn mit dem Ostindienhandel kamen nicht nur chinesisches Porzellan und Tee nach Europa. Pflanzenjäger sammelten auch allerlei exotische Gewächse: Bambus, Magnolien, Ginkgo etwa stammen aus Fernost. Erst im 18. Jahrhundert wurden auch Bonsai allmählich bekannt, zunächst allerdings nur auf Bildern.

Gäste aus dem Süden

Keine Pflanze hat sich speziell für das Klima unserer Wohnungen im 21. Jahrhundert entwickelt. Vielmehr bieten Gärtnereien ein breites Spektrum von Pflanzen an, die dank der Klimabedingungen in ihrer Heimat fähig sind, auch unter den dürftigen Lichtverhältnissen, der niedrigen relativen Luftfeuchtigkeit und der gleichmäßig hohen Temperatur im Zimmer zu überdauern. Es handelt sich größtenteils um Pflanzen aus tropischen Wäldern. Dort gibt es keine Jahreszeiten, das Klima ist warm, und unterhalb des Kronendachs der Bäume herrscht tiefer Schatten. Viele Tropenpflanzen gedeihen auch noch in subtropischem Klima, beispielsweise in den Wäldern im Süden Chinas und Japans. Dort wird ein großer Teil der hierzulande als Zimmerbonsai angebotenen Ziergehölze produziert – natürlich im Freien. Die dortigen Gärtner kennen also keine »Zimmerbonsai«, sondern gut gestaltete und in traditionelle Schalen gepflanzte Gehölze, die sie in Baumschulen heranziehen. Das breite Angebot reicht vom tropischen Feigenbaum bis zur Ulme, die im Weinbauklima im Freien überdauert. Das Sortiment wird erweitert durch Pflanzen aus der Mittelmeerregion und aus Süd- und Mittelamerika.

Ein Junischnee, auch »Baum der tausend Sterne« genannt, in der Stilform Zwillingsstamm. Die Stämme bilden eine gemeinsame Krone.

Dieser *Ficus* steht samt Begleitpflanze auf einem mit Kies gefüllten Tablett. Die Füße der Schalen stehen frei, sodass sich keine Staunässe bildet.

Unterteller für Bonsai

BONSAISCHALEN Bonsaischalen müssen am Boden Wasserabzugslöcher haben, sonst kann überschüssiges Gießwasser nicht ablaufen, und die Wurzeln faulen. Außerdem haben die Schalen Füßchen, damit sie nicht im Wasser stehen.

UNTERTELLER Zum Schutz der Möbel brauchen Zimmerbonsai einen Unterteller. Dessen Rand sollte so flach sein, dass man die schöne Schale noch sieht und das Wasser nicht oberhalb der Füße stehen kann. Der Handel bietet Pflanzgefäße mit passenden Unterschalen an.

TABLETTS Ideal sind größere Tabletts. Damit die Schale wirklich frei steht, kann man zu tiefe Tabletts mit Kies füllen. Kalkfreier Quarzkies ist am besten.

Auf den Seiten 26–57 ist eine breite Auswahl als Zimmerbonsai erhältlicher Pflanzenarten samt Standort- und Pflegeansprüchen zusammengestellt. Sowohl Anfänger als auch erfahrene Pflanzenliebhaber finden hier die nötigen Pflegehinweise, damit sie möglichst lange Freude an ihren Zimmerbonsai haben.

Langlebige Hausgenossen

Bonsai sind aufgrund der arbeitsaufwendigen Produktion nicht ganz billig. Folglich wirft man sie nach der Blüte nicht weg, sondern versucht, die lebenden Kunstwerke möglichst lange zu erhalten. So wächst einem ein Bonsai gewissermaßen ans Herz. Er wird zu einer Art Hausgenosse, nach dem man täglich schaut. Man beobachtet, ob er sich in seiner Umgebung wohlfühlt. Um Gehölze, die eine Winterruhe durchmachen, muss man sich besonders aufmerksam kümmern. Sie brauchen einen ausreichend kühlen Überwinterungsplatz. Über den Umweg der intensiven Pflege kann man so auch in unserem Kulturkreis eine durchaus persönliche Beziehung zu Pflanzen entwickeln.

Bei optimaler Pflege sind Bonsai ausgesprochen langlebig. In meiner Wohnung stehen Bonsai, die ich vor über 30 Jahren gestaltet habe. Entsprechend ihrem Zuwachs schneide ich sie zwei- bis fünfmal im Jahr und pflanze sie alle zwei bis drei Jahre um. Etwa alle fünf bis zehn Jahre erfahren sie eine grundlegende Neugestaltung. Dann werden überalterte Äste entfernt, aus jungen Trieben eine neue Krone aufgebaut, und eventuell wird die Stilform geändert – je nachdem, wie sich der Baum mit der Zeit entwickelt hat. Denn nicht der Mensch entscheidet über die Gestalt des Baums, sondern der Bonsai bietet mit seinem Astgerüst und der Form des Stamms bestimmte Möglichkeiten an.

Typische Bonsai-Stilformen

Gut gestaltete Bonsai drücken zwei Dinge zugleich aus: Zum einen erzählen sie in den Krümmungen und Windungen ihres Stamms und in der Stellung der Äste, in welcher Landschaftssituation und unter welchen Klimabedingungen ihre Vorbilder in der Natur aufgewachsen sind und welche Ereignisse sie durch entsprechendes Wachstum ausgleichen mussten. Solche Ereignisse sind etwa im Regen aufgeweichter Boden, der den Baum zur Seite neigen ließ, oder einseitiger Lichteinfall (geneigter Stamm), Schneelast, die den Baum niederdrückte (Kaskadenstil), ein nahe stehender Nachbar, mit dem er zusammenwächst (Doppelstamm), usw. Zum anderen drücken Bonsai ideale Charaktereigenschaften aus: Da ist der alte Samurai, wettergegerbt und nicht aus der Ruhe zu bringen (streng aufrechte Form), oder der Duldsame, der härteste Schicksalsschläge überlebt (Kaskadenstil), etc. Der Eindruck eines Bonsai kann durch die Anlehnung an ein entsprechendes Schriftzeichen verstärkt sein. Erkennt der in chinesischen Schriftzeichen Kundige in den Windungen eines Moyogi das Schriftzeichen für »Kraft«, versteht er den Baum als Symbol für zähen Überlebenswillen. Ist das Schriftzeichen für »Heiterkeit« in dem Baum verborgen, wollte der Bonsaikünstler ausdrücken, dass man widrige Umstände ruhig auf die leichte Schulter nehmen kann. In Japan gibt es sogar eine Stilform (Literatenstil, Bunjingi), die Schriftzeichen kalligraphisch verfremdet in Bonsai umsetzt.

Auf der rechten Seite habe ich fünf Bonsai-Stilformen skizziert, die Ihnen als Anregung für die eigene Bonsai-Gestaltung dienen sollen. Entsprechende Fotos finden Sie auf der Innenseite des Einbands.

1 Frei aufrechte Stilform: Moyogi

Der Stamm schwingt sich in eleganten Windungen zum Licht. Der unterste dominierende Ast entspringt etwa nach dem ersten Drittel der Gesamthöhe. Der Gipfel steht senkrecht über dem Stammansatz.

2 Geneigter Stamm: Shakan

Der untere Teil des Bonsai ist geneigt, im Extremfall liegt er der Erde auf. Die Spitze hat sich aufgerichtet. Die Äste stehen waagerecht und balancieren den schief stehenden Baum aus. Der längste Ast steht über der Krümmung.

3 Halbkaskade: Han-Kengai

Der Stamm scheint vom Schnee nach unten gedrückt und ragt waagerecht bis leicht geneigt aus einer gedachten Felswand. Über der ersten Krümmung hat sich ein kleiner Ersatzgipfel gebildet. Das hohe Gefäß verhindert, dass der Baum den Boden berührt.

4 Streng aufrechte Stilform: Chokkan

Unbeeindruckt vom Wetter wächst der Baum kerzengerade in die Höhe. Die Äste breiten sich waagerecht aus. Damit der Stamm gut sichtbar ist, lässt man sein unteres Drittel meist frei von Ästen.

5 Doppelstamm: Soju

Für diese Form pflanzt man zwei einzelne Bäume so eng aneinander, dass sie sich fast berühren. Dazu lockert man die Wurzelballen und fixiert die Bäume mit Bonsaidraht am Stammansatz aneinander. Spätestens nach einem halben Jahr muss der Draht wieder entfernt werden. Die Kronen beider Bäume sollen eine geschlossene Einheit bilden.

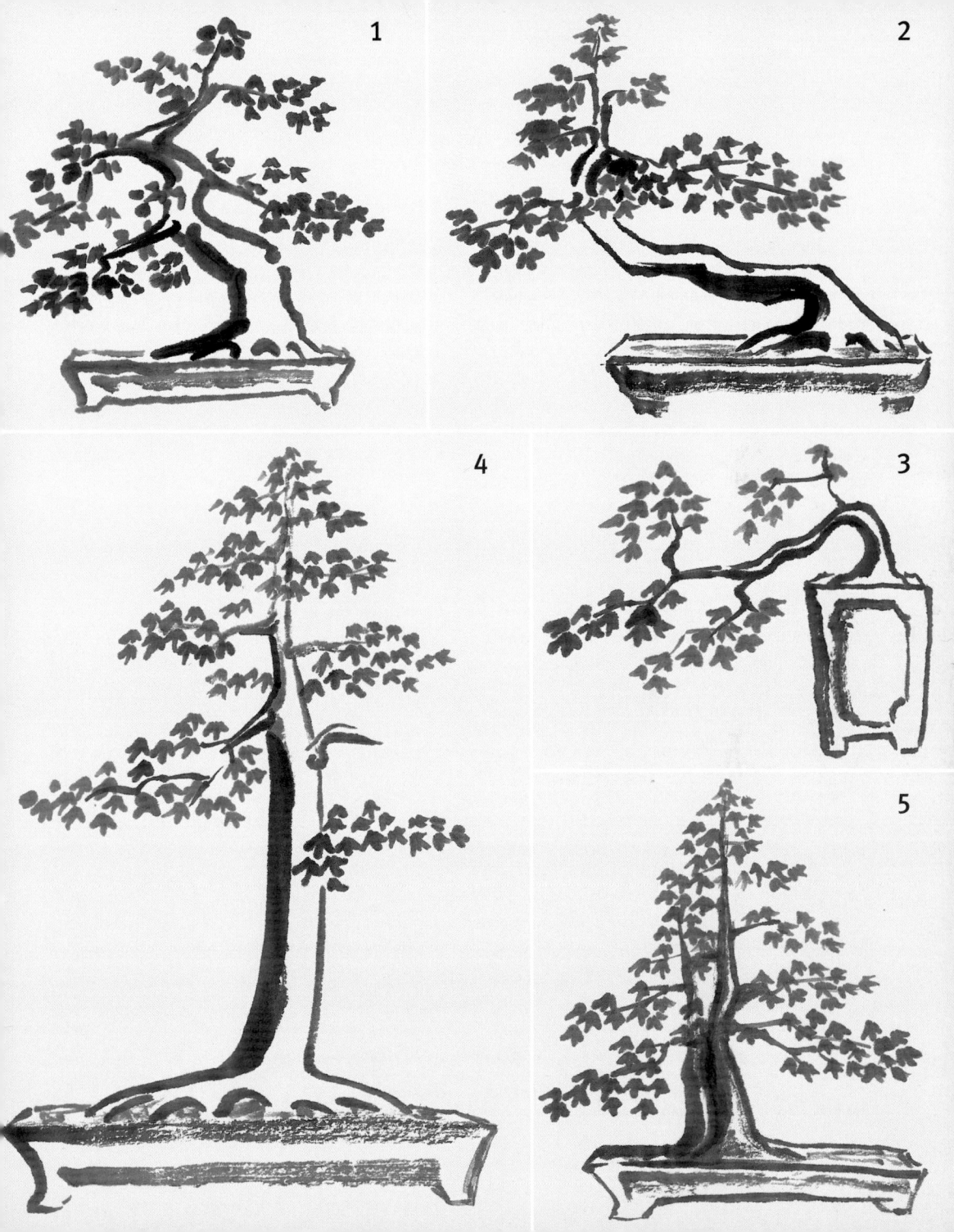

Zimmerbonsai stilvoll arrangieren

Der Begriff Zimmerbonsai ist eigentlich ein Widerspruch in sich. Im traditionellen ostasiatischen Haushalt hält man Bonsai nicht das ganze Jahr über in der Wohnung. Sie werden nur dann ins Haus geholt, wenn sie der augenblicklichen Jahreszeit und dem momentanen Wetter entsprechen. Wir in Europa sind es dagegen gewohnt, uns ganzjährig an Topfpflanzen im Haus zu erfreuen. Das gilt auch für Bonsai aus warmen Klimazonen. Wir behandeln Zimmerbonsai also genauso wie unsere Kübel- und Topfpflanzen. Sie bleiben jahrelang am selben Platz am Fenster oder unter der Pflanzenleuchte und kommen höchstens im Sommer für ein paar Monate ins Freie. Trotzdem wird man die lebenden Kunstwerke so in der Wohnung präsentieren wollen, dass ihre besondere Schönheit zur Geltung kommt, ohne gleich die Wohnung mit japanischen oder chinesischen Möbeln einzurichten.

Ein einzelner Bonsai erhält in der Regel einen Einzelplatz, beispielsweise auf einer Säule, einem Blu-

Der Feuerbusch *(Hamelia patens)* ist ein relativ seltener Zimmerbonsai. Er stammt aus dem tropischen Südamerika und kann ganzjährig im Haus stehen. Gepflegt wird er wie der Fukien-Tee (→ Seite 34).

mentisch oder Tablett. Für eine größere Sammlung ist ein breites Fensterbrett oder ein stabiles Regal vor dem Fenster geeignet. Soll der Baum im Raum stehen, benötigt er ausreichend helles Kunstlicht für wenigstens 12 Stunden täglich (→ Seite 15, Tipp).

Die Symbolik zum Ausdruck bringen

Hat man sich mit der Tradition der Bonsai beschäftigt und versteht die Symbolik, die sich hinter den verschiedenen Stilformen verbirgt, kommt meist der Wunsch auf, dem auch in einer europäischen Wohnung Ausdruck zu verleihen. Man muss dazu nicht China oder Japan kopieren. Die Wirkung des einzelnen Bonsai lässt sich durch ein passendes Arrangement verstärken. Das kann ein dem Bonsai entsprechendes Bild an der Wand sein, eine zum natürlichen Standort der Baumart passende Begleitpflanze, ein Stein oder eine Figur. Der Fantasie sind keine Grenzen gesetzt. Begleitpflanzen findet man im Blumenladen, Bonsaischalen im Fachhandel. Zu Stilformen, wie sie im Wald vorkommen, passen Pflanzen, die am Waldboden zu Hause sind, etwa Usambaraveilchen, Einblatt oder ein tropischer Farn. Letzterer passt auch zu Bonsai in Felsenformen, wie Kaskade und Halbkaskade. Interessante Steine findet man auf Spaziergängen unter Felsen und am Flussufer. Auf Kies in einer Schale lassen sie sich stabil aufstellen.

Auch auf Flohmärkten kann man reizvolle Figuren und Gefäße entdecken, von der Tee-Urne über alte, in Tierform gestaltete Opiumgewichte bis zu Netsukes – kunstvoll gestalteten Halteknöpfen für den Kimonogürtel. Wie man das Ganze arrangiert, bleibt jedem selbst überlassen.

Meine Besucher sind oft überrascht, wie harmonisch sich meine Bonsai in die bewusst europäische Wohnatmosphäre eingliedern. Ein Beispiel: Im

Der tropische Fukien-Tee, ein immergrüner Bonsai, kann bei guter Pflege das ganze Jahr über kleine, weiße Blüten tragen.

Esszimmer steht auf dem Boden ein großer Bonsai im Mangrovenstil, den ich mit meinem chinesischen Freund vor über 20 Jahren gestaltet habe. Daneben steht ein alter Bauernschrank. An der Wand hängen sehr europäische Bilder. Das wird von Puristen gelegentlich als Stilmix bemängelt. Ihnen fehlt zum Bonsai ein Tuschebild mit Vollmond oder einem Silberreiher. Dann führe ich meinen Besucher zum Aufgang zu meinem Büro. Dort hängt das lebensgroße Tuschebild einer Wollhandkrabbe. Die Schriftzeichen daneben bedeuten: »Die Krabbe wartet auf den Mond.« Bei Vollmond ist Springtide, jetzt kann die Krabbe besonders weit im Mangrovensumpf wandern. Zwischen dem von mir gemalten Tuschebild und dem persönlich gestalteten Bonsai besteht quer durch die Wohnung eine Beziehung. Die Kopie einer Tokonoma (→ Seite 6/7) wäre dagegen ein Fremdkörper.

Standort und Klimaansprüche

Zimmerbonsai werden aus Pflanzen gestaltet, die in tropischem, subtropischem oder mediterranem Klima zu Hause sind. Dort gibt es keine – oder im mediterranen Klima nur sehr milde – Fröste. Zimmerbonsai müssen also zumindest den Winter über ins Haus. Wie warm sie dort stehen sollten, hängt von ihrer Herkunft ab. Man unterscheidet Warmhauspflanzen (Tropen), Pflanzen für das temperierte Gewächshaus (Subtropen) und Kalthauspflanzen, die lediglich frostfrei überwintern müssen.

› Echte Zimmerbonsai, die im Winter mit trockener Heizungsluft und Wohnzimmertemperaturen von

über 20 °C zurechtkommen, sind eigentlich nur aus tropischen Feigenarten gestaltete Bäume. Das ist kein Nachteil, immerhin gibt es einige Hundert verschiedene Arten der Gattung *Ficus*, von denen einige Dutzend vom Handel angeboten werden.

› Die laubabwerfenden Bäume aus den subtropischen Regionen Südchinas und Südjapans bevorzugen Wintertemperaturen nicht über 18 °C.

› Unter den Pflanzen aus mediterranem Klima gibt es eine ganze Reihe, die im Winter eine Ruhephase brauchen, um vital zu bleiben. Bis zum Neuaustrieb der Blätter im Februar/März sollten Granatapfel, Bougainvillee und alle Gehölze, die man auch als sogenannte Kübelpflanzen pflegen kann, knapp über 0 °C stehen. Erst wenn die Knospen schwellen, darf die Temperatur wieder auf ca. 15–18 °C steigen.

Sonnenhungrige und Schattenliebhaber

Pflanzen produzieren aus Wasser und CO_2 mithilfe von Sonnenlicht Zucker. Diesen Prozess nennt man Fotosynthese. Je nach ihrer Herkunft brauchen die verschiedenen Pflanzenarten aber unterschiedlich viel Licht. Auch der Standort für Zimmerbonsai in der Wohnung muss deshalb ganz nach ihren Ansprüchen ausgewählt werden, denn Pflanzen können sich nur in einem begrenzten Umfang an die Lichtverhältnisse anpassen. So haben schattenliebende Pflanzen beispielsweise so tief dunkelgrüne

Eine Indische Lorbeerfeige im Wurzelstil (Neagari). Vorbild ist hier ein Urwaldbaum mit kräftigen Stelzwurzeln. Sie stabilisieren den Baum im weichen Boden.

Blätter, dass sie im grellen Sonnenlicht regelrecht verbrennen. Sonnenhungrige Wüstenpflanzen dagegen besitzen so helle Blätter, dass sie an lichtarmen Standorten verkümmern.

› Im Sommer kann es über Mittag an einem Südfenster jedoch selbst für Wüstenpflanzen zu heiß werden. Ein leichter Vorhang hilft hier. Für Schattenpflanzen ist ein solcher Platz jedoch tabu.

› Ost- und Westfenster, die über Mittag keine direkte Sonne erhalten, sind im Sommer für die meisten Pflanzen ideal.

› Während der Wintermonate bietet ein Südfenster die besten Wachstumsbedingungen. Sobald die Sonne – etwa ab April – wieder an Kraft zunimmt, stellt man schattenliebende Pflanzen besser um oder schattiert das Fenster über Mittag.

Vorsicht beim Standortwechsel Allen Zimmerbonsai tut eine Sommerfrische im Freien gut. Doch beim Wechsel nach draußen ist Vorsicht geboten: Im Freien ist es sogar im Schatten etwa zehnmal heller als hinter einem Fenster in der Wohnung. Weil sie nur wenig Licht bekommen, bilden Pflanzen in der Wohnung deshalb relativ dünne Blätter aus, die reichlich Blattgrün enthalten. So können sie auch bei schwachem Licht ausreichend Fotosynthese betreiben. Bringen wir die Pflanze im Sommer nach draußen in die pralle Sonne, nehmen die Blätter Schaden. Deshalb muss man Zimmerpflanzen zunächst für einige Wochen an einem schattigen Platz aufstellen, bis sich ihre Blätter auf die neue Situation eingestellt haben. Umgekehrt gilt dasselbe: Holt man sie im Herbst wieder ins Haus, stehen sie plötzlich wieder dunkel. Viele Pflanzen werfen dann ihre Sonnenblätter ab und bilden nach einigen Wochen neue Schattenblätter aus. Solange darf man sie nur mäßig gießen. Tägliches Übersprühen unterstützt den Blattaustrieb.

Pflanzenleuchten für Zimmerbonsai

Steht ein Zimmerbonsai weit weg vom Fenster, können seine Blätter nicht genügend Licht einfangen. Hier hilft eine Zusatzbeleuchtung mit einer »kalten« Lichtquelle. Glühbirnen sind wegen der großen Wärmeentwicklung ungeeignet.

ABSTAND Die Leuchte muss möglichst nahe über der Pflanze angebracht sein, denn die Helligkeit nimmt mit dem Quadrat des Abstands zwischen Leuchte und Objekt ab: Aus 2 m Abstand erhält die Pflanze nur noch die Hälfte der Lichtmenge, die sie bei 1 m Abstand bekommt.

MINDESTHELLIGKEIT Auf den Leuchtmitteln ist in der Regel nur die Leistungsaufnahme in Watt angegeben, also ihr Stromverbrauch. Pflanzen benötigen wenigstens die Lichtmenge, die einer 100-Watt-Glühbirne entspricht, in höchstens 1 m Abstand. Das kann eine spezielle Pflanzenleuchte sein oder eine Leuchtstoffröhre oder -birne in einer attraktiven Fassung.

ZEITSCHALTUHR Die Zusatzbeleuchtung sollte 12–15 Stunden am Tag brennen. Damit die Pflanzen stets zur selben Tageszeit beleuchtet werden, ist eine Zeitschaltuhr unerlässlich. Erhält die Pflanze über Mittag ausreichend Licht, reicht eine Zusatzbeleuchtung vormittags und ab dem Nachmittag eventuell aus.

Die tägliche Bonsai-Pflege: gießen und düngen

Pflanzenwurzeln brauchen Wasser und Luft. Letzteres wird oft vergessen. Für Zimmerbonsai ist es deshalb wie für alle Topfpflanzen mit ihrem beengten Wurzelraum lebenswichtig, dass in ihrem Substrat stets sowohl ausreichend Wasser als auch genügend Frischluft zur Verfügung stehen. Die beste Voraussetzung für ein optimales Wurzelwachstum ist daher eine porenreiche Pflanzerde, deren feine Hohlräume nicht nur Wasser speichern, sondern auch genügend Luft aufnehmen können. Dazu mischt man der Bonsaierde etwa 1/5 feinen Ziegelbruch oder Bimskies bei (→ Seite 18/19).

Regeln für das richtige Gießen

Für das richtige Gießen gelten folgende einfache Regeln:

> Gießen Sie erst, wenn die Oberfläche des Pflanzsubstrats trocken ist. Dann sollten Sie Ihre Zimmerbonsai jedoch sofort und gründlich wässern.

> Solange die Oberfläche der Pflanzerde noch deutlich feucht ist, darf dagegen noch nicht gegossen werden.

> Wässern Sie beim Gießen so ausgiebig, dass überschüssiges Wasser unten aus den Abzugslöchern tropft. Erst dann wurde die Pflanze so gegossen, dass das gesamte Erdsubstrat wieder durchfeuchtet ist.

> Ganz wichtig: Zwischen den einzelnen Gießvorgängen muss das Pflanzsubstrat wieder abtrocknen, damit sich die Bodenporen wieder mit frischer Luft füllen können.

Flache Bonsaigefäße wässern

Bonsai werden ohne Gießrand in ihre Schale gepflanzt. Das erschwert das Gießen, vor allem, wenn die Substratoberfläche trocken ist. Deckt man das Pflanzsubstrat jedoch mit einer dünnen Schicht Lava-Splitt ab, lässt sich auch abgetrocknete Erde problemlos wässern. Andernfalls ist eine Gießkanne mit sehr feiner Brause hilfreich (→ Abb. 1). Man kann auch die Erdoberfläche zunächst besprühen und danach normal gießen (→ Abb. 2). Kleinere

Ein Junischnee-Bonsai mit Unterschale. Damit das Pflanzgefäß nicht im Wasser steht, ist die Unterschale mit kalkfreiem Kies gefüllt.

1 GIESSEN Bonsai lassen sich mit einer feinen Brause gut gießen. Ist die Erde mit Granulat abgedeckt, eignet sich auch eine kleine Kanne ohne Brause.

2 SPRÜHEN Ist das Substrat oberflächlich abgetrocknet, feuchtet man es durch Sprühen an. So wird es saugfähig, und man kann wieder normal gießen.

3 TAUCHEN Kleinere Bonsai stellt man in ein Gefäß mit Wasser, sodass sich die Erde vollsaugt. Das Wasser darf nicht höher stehen als der Rand der Schale.

4 DOCHTBEWÄSSERUNG Porenreiches Substrat kann man über in der Erde verlegte Dochte feucht halten. Sie saugen Wasser aus der Unterschale in die Erde.

Bonsai kann man auch so lange in ein flaches Gefäß mit Wasser stellen, bis sich die Erde von unten her vollgesaugt hat. Dabei darf das Wasser nicht höher stehen als der Gefäßrand, damit die Erde nicht weggeschwemmt wird (→ Abb. 3). Da nach dem Tauchen die Erde sehr feucht ist, muss man darauf achten, dass bis zum nächsten Gießen oder Tauchen das Substrat wieder gut abgetrocknet ist. Hat man seine Zimmerbonsai in porenreiche Erde gepflanzt, kann man sich das Wässern durch eine Dochtbewässerung sehr erleichtern (→ Abb. 4).

Zimmerbonsai düngen

Zimmerbonsai düngt man wie alle anderen Zimmerpflanzen auch. Nicht blühende Gehölze bekommen einen speziellen Grünpflanzendünger, Arten mit attraktiven Blüten einen Blütenpflanzendünger.

› Gut geeignet und leicht zu handhaben sind Flüssigdünger, die man dem Gießwasser beimischt. Achten Sie auf die Dosierungsanleitung auf der Packung – für Zimmerbonsai reicht meist die halbe empfohlene Menge, damit sie nicht zu stark wachsen.

› Feste Dünger, die man auf die Erde streut, sind für Zimmerbonsai wenig geeignet. Denn in der Wohnung kann man nicht mit voller Brause gießen, sodass sich das Granulat kaum auflösen kann.

› Beim Umpflanzen kann man der Erde als organischen Dünger etwas Hornmehl beimischen (→ Seite 18). Dieses wird im Boden allmählich aufgeschlossen und gibt so kontinuierlich etwas Dünger an die Wurzeln ab.

Generell gilt: Wie bei allen Pflanzen düngt man im Winter weniger oft als im Sommerhalbjahr.

Pflanzenschutz

Zimmerbonsai können in Wohnungen die üblichen Parasiten und Krankheiten bekommen. Schild- und Blattläuse, Weiße Fliege und Rote Spinnen, Mehltau und Grauschimmel behandelt man bei ihnen genauso wie bei allen anderen Zimmerpflanzen.

Zimmerbonsai ein- und umpflanzen

Bonsai sind so gestaltet, dass ihre Maße in etwa den Zahlenverhältnissen 5:7 beziehungsweise 3:7 entsprechen. Das bezieht sich sowohl auf das Verhältnis von Baumhöhe zu Kronenbreite als auch auf das Verhältnis vom Schalendurchmesser zur Größe des Bonsai. Da das Gefäß nicht dominieren soll, wählt man in der Regel eine Schale mit dem kleineren Maß im Verhältnis zur Baumhöhe. Für einen normal gestalteten Bonsai wählt man also eine Schale, deren Längsseite etwa 5/7 der Baumhöhe beträgt. Die Höhe der Schale entspricht im Idealfall dem Stammdurchmesser an der Basis. Bei sehr schlanken Bonsai wählt man bevorzugt eine runde oder quadratische Schale, deren Durchmesser nur rund 3/7 der Baumhöhe ausmacht. Das kleine Gefäß muss dann natürlich deutlich tiefer sein, als es dem Stammdurchmesser entspricht.

So muss Bonsaierde sein

Gute Bonsaierde muss zwei Bedingungen erfüllen: Sie sollte einerseits nach dem Abtrocknen wieder leicht Wasser aufnehmen, andererseits das aufgenommene Wasser möglichst für einige Zeit speichern können und nur langsam an die Wurzeln abgeben. Käufliche Bonsai-Erden sind für Zimmerbonsai häufig zu feinkörnig und somit zu kompakt, d. h. ohne ausreichendes Porenvolumen. Der im Fachhandel angebotene leicht gebrannte Lehm aus Japan besitzt dagegen so große Poren, dass nur wenig Wasser gespeichert wird.
Ich empfehle für Zimmerbonsai eine Mischung, die Sie leicht aus im Handel erhältlichen Zutaten selbst herstellen können (→ Tipp). Ein wichtiger Bestandteil dieser Mischung ist Bims, ein leichtes, vulkani-

sches Gestein, das im Gegensatz zu Lava sehr feine Poren besitzt, die sich nicht mit Wasser vollsaugen. So enthält eine mit diesem Material angereicherte Pflanzerde stets genügend Luft für gutes Wurzelwachstum. Die Wurzeln bleiben im Substrat und drängen nicht aus Luftmangel an den Schalenrand. Bims ist im guten Bonsai-Fachhandel und in manchen Erdwerken erhältlich. Eine gute Alternative zum Bims sind gebrochene Tongranulate, die unter verschiedenen Handelsnamen als erdfreie Pflanzsubstrate in Gartenmärkten angeboten werden. Hornmehl ist ein organisches Material, das ganz allmählich von Bodenbakterien zu Dünger umgewandelt wird. So werden die Pflanzenwurzeln über lange Zeit und relativ sparsam ernährt. Der Düngergehalt der in der Mischung verwendeten Pflanzerde wird so ergänzt und wirkt ausgleichend, wenn man das Düngen beim Gießen einmal versäumt hat.

> ### Die ideale **Erdmischung**
>
> **FOLGENDE ERDMISCHUNG** verwende ich seit über 20 Jahren erfolgreich bei meinen Zimmerbonsai:
> › 6 Teile gesiebter Laubkompost oder gute Pflanzerde für Zimmerpflanzen aus dem Fachhandel
> › 1 Teil feiner Bimskies oder Tongranulat (Körnung ca. 3–6 mm)
> › ca. 1–2 % Hornmehl (organischer Vorratsdünger)
> Alles in einem großen Gefäß mit beiden Händen gründlich mischen, bis ein homogenes, lockeres Substrat entsteht.

Wichtig: regelmäßig umpflanzen

Pflanzen nehmen über die Wurzeln nicht nur Wasser und Nährstoffe auf, sondern sie geben auch Stoffwechselprodukte in die Erde ab, die sich dort anreichern. Deshalb wachsen Zimmerbonsai – wie andere Topfpflanzen – auch bei optimaler Düngung allmählich schwächer und müssen alle zwei bis drei Jahre umgetopft werden (→ Abb. 1–4).

Wurzelschnitt Haben Sie die Krone des Bonsai durch regelmäßigen Schnitt etwa in der ursprünglichen Größe gehalten (→ Seite 20–23), können Sie den Bonsai wieder in sein bisheriges Gefäß pflanzen. Nur passt die freigelegte und ausgekämmte Wurzel meist nicht mehr hinein. Hier hilft die Schere. Kürzen Sie zu lange Wurzeln so weit ein, dass der restliche Wurzelballen wieder bequem im Gefäß Platz hat. Dem Bonsai schadet das nicht, denn zwischen Krone und Wurzel besteht ein Gleichgewicht. Da die Krone beschnitten wurde, kann auch die Wurzel entsprechend verkleinert werden. Als Faustregel gilt: Der Wurzelraum sollte wenigstens ein Drittel des Kronenvolumens betragen.

Abzugslöcher abdecken Die Abzugslöcher in Schalen deckt man mit feinen Netzchen (Fachhandel) ab, damit die frische Erde nicht herausrieselt. Passend geschnittene Stücke aus Kunststoff-Armierungsgewebe aus dem Baumarkt erfüllen denselben Zweck. Alternativ kann man je ein grünes Blatt auf die Löcher legen. Bis die Blätter verrottet sind, haben die Wurzeln den Erdballen verfestigt.

Tauchen Zum Umpflanzen verwendet man relativ trockene Erde, die sich gut zwischen den freigelegten Wurzeln verteilt. Damit sich die Erde eng um die Wurzeln schmiegt, stellt man den Bonsai nach dem Umtopfen für einige Stunden in flaches Wasser. Das Wasser darf nicht über dem Schalenrand stehen, sonst schwimmt ein Teil der Erde davon.

1 Dank des dem Substrat beigemischten Tongranulats ist der Ballen gut durchwurzelt. Unten im Ballen sind mehr Wurzeln, weil die Erde dort länger feucht bleibt.

2 Mit einem spitzen Holzstab lockert man den Wurzelfilz behutsam. Die verbrauchte Erde entfernt man zwischen den Wurzeln weitgehend, ohne die Wurzeln zu verletzen.

3 Nun kürzt man die Wurzel mit einer scharfen Schere so weit ein, dass der Rest bequem in die neue, zierliche Schale passt. Das bisherige Gefäß war optisch zu groß.

4 Die Wurzel wird in frisches, relativ trockenes Substrat gepflanzt. So kann es zwischen die Wurzeln rieseln. Das Gefäß für einige Stunden in flaches Wasser stellen.

Grundsätzliches zum Bonsai-Schnitt

Alle zur Regeneration fähigen Gehölze lassen sich durch Schnitt in ihrer Form beeinflussen. Das gilt vor allem für Laubgehölze, und zwar sowohl für Bäume als auch für Sträucher. In jeder Blattachsel sitzt eine kleine Knospe – auch Auge genannt –, die gegebenenfalls austreiben kann. Bei Nadelgehölzen ist die Situation schwieriger. Entlang ihrer Zweige finden sich nur wenige schlafende Knospen. Bei ihnen ist es auf jeden Fall geboten, zu lang geratene Äste bis zu einem bereits vorhandenen Seitenzweig einzukürzen. Die dann vordersten Seitenzweige treiben nach dem Schnitt kräftiger aus.

Die Verzweigung wird durch Hormone gesteuert

Die Knospen jeder Zweigspitze produzieren hemmende Hormone, die das Austreiben der nachgeordneten Knospen über eine bestimmte Strecke verhindern. Mit demselben Mechanismus werden auch die nachgeordneten Seitenäste in ihrem Längenwachstum beschränkt. Entfernt man die Astspitze und damit die Hormonquelle, stellt sich zwischen den jetzt endständigen Knospen ein neues Gleichgewicht ein. Mit diesem einfachen Mechanismus (Botaniker sprechen von Apikaldominanz – »Apex« = Spitze, »Dominatio« = Herrschaft) kann man die Krone eines Bonsai ganz nach Wunsch gestalten und in Form halten.

Die Wuchsrichtung der neuen Triebe bestimmen

Kürzt man einen belaubten Ast ein, treiben die jetzt endständigen Knospen in den Blattachseln aus, der Ast bildet neue Verzweigungen. Durch die Wahl des letzten noch stehen gelassenen Blatts wird die Wuchsrichtung der neu austreibenden Zweige bestimmt. Vergleichbares gilt, wenn man einen zu lang gewordenen Ast bis zu einem bereits vorhandenen Seitenzweig einkürzt. Der jetzt vorderste Zweig übernimmt die Führung, und der Ast wächst in die Richtung des jetzt vordersten Zweigs weiter.

› Soll der neue Ast flach austreiben, lässt man am besten als letzten Ast einen nach unten weisenden Seitenzweig stehen. Auch seitlich wachsende Zweige sind geeignet. Man kann die Wuchsrichtung dann entweder beim nächsten Rückschnitt korrigieren, oder man lenkt den Zweig mit Bonsaidraht in die gewünschte Richtung (→ Seite 24/25).

› Lässt man dagegen als letzten Zweig einen aufrecht wachsenden Seitentrieb stehen, wird die neue Zweigspitze steil aufrecht wachsen. Dasselbe gilt für die Stellung des jeweils letzten stehen gelassenen Blatts. Auch hier gibt das Blatt bzw. die Stellung der Knospe in der Blattachsel die Wuchsrichtung des neuen Zweigs vor.

Die richtige **Schnitt-Technik**

Einen zu langen Ast schneidet man nie direkt an dem ausgewählten Seitenzweig oder Blatt ab. Es kann sonst passieren, dass das Gewebe des schlafenden Auges so stark beschädigt wird, dass der Zweig, der erhalten bleiben soll, eintrocknet und abstirbt. Lassen Sie einen 5–10 mm langen Stumpf stehen. Dann trocknet das letzte Blatt bzw. das Ästchen, das austreiben soll, nicht ein.

VOR DEM SCHNITT Bei einem Laubgehölz sitzt in jeder Blattachsel eine vorgebildete Triebknospe. Der Austrieb wird durch hemmende Hormone gesteuert, die die Endknospe produziert. Die Konzentration der Hormone nimmt von außen nach innen ab. Durch die Anordnung der Knospen entlang des Zweigs und den raschen oder langsamen Abbau der Endknospenhormone wird das jeweils arttypische Verzweigungsmuster der Gehölze gesteuert.

GEZIELTER SCHNITT Sobald die Endknospe entfernt ist, wird auch die hemmende Wirkung des Hormons auf die Seitenknospen gestoppt. Die jetzt endständige Knospe treibt als erste aus. Sie übernimmt die Funktion der entfernten Endknospe und wird zur Hormonquelle. Durch geschickte Auswahl des letzten stehen gelassenen Blatts lässt sich die Verzweigung eines Gehölzes und die Wuchsrichtung der Äste allein durch den Schnitt steuern.

AUF ZAPFEN SCHNEIDEN Jeder Schnitt bedeutet eine Verletzung. Während der Wundheilung kann die offene Stelle ein Stück weit zurücktrocknen. Lässt man vor dem letzten Blatt ein kleines Zweigstück stehen, wird der Verlust der neuen Endknospe vermieden.

Schnitt eines aus der Form gewachsenen Bonsai

Jeder Schnitt bedeutet für eine Pflanze physiologischen Stress, weil der Schnitt den Hormonhaushalt der Pflanze durcheinanderbringt (→ Seite 20). Deshalb sollte man einen Bonsai nicht alle paar Tage schneiden und jedes neu ausgetriebene Zweiglein und Blättchen gleich entfernen. Ein Bonsai benötigt nach einem Schnitt wenigstens ein bis zwei Monate Zeit, bis sich sein Hormonhaushalt wieder stabilisiert hat. Erst dann kann man seine Äste erneut beschneiden, ohne ihn einem zu großen Stress auszusetzen. Im Winterhalbjahr sind die Schnittintervalle noch etwas länger, denn der Baum wächst während der lichtärmeren Zeit deutlich langsamer als im Sommer.

Erholungsphase vor dem Schnitt

Der hier abgebildete Bonsai, eine besonders anpassungsfähige Feigenart (*Ficus benjamina* ssp. *schlechteri*), ist in einer relativ seltenen Stilform gestaltet. Ihr Name lautet: »Wurzel über einen Fels, der einem alten Baumstamm ähnelt« (Inshogata-Ishi). Der kleine Baum war durch zu häufiges Schneiden und vermutlich auch nicht ganz optimale Pflege stark gestresst und bildete nur noch schwache Neutriebe mit blassgrünen Blättern aus. Zur Erholung wurde er in sehr durchlässige Erde (→ Seite 18, Tipp, aber mit 20 % Tongranulat) in ein relativ großes Gefäß gepflanzt und anschließend in Ruhe gelassen. Mehr als sechs Monate stand er im Gewächshaus und wurde nur regelmäßig gegossen. Zusätzlichen Dünger erhielt der Bonsai nicht, damit sich seine Wurzeln auf der Suche nach Nahrung gut entwickeln konnten. Erst als die Krone für einen Bonsai viel zu lange und kräftige Zweige gebildet hatte (→ Seite 23, Abb. 1), erhielt der Baum durch einen in mehreren Etappen durchgeführten Schnitt wieder seine ursprüngliche, mit dem Stamm harmonierende Dimension.

Rückschnitt Schritt für Schritt

Ist ein Baum so stark wie hier aus der Form gewachsen, gestaltet man ihn in mehreren Schritten neu.
Einen neuen Gipfel festlegen Der zu lang gewachsene Gipfel wird auf eine nahe der Basis senkrecht stehende Knospe eingekürzt. Falls, wie in

1 Größere Zweige entfernt man an der Verzweigung mit der Konkavzange. Der Schnitt wird von neuer Rinde überwallt und ist dann nicht mehr sichtbar.

2 Dünne Zweige kürzt man mit einer feinen Zweigschere ein. Die dann endständige Knospe treibt nun am stärksten aus und verlängert den Zweig.

1 Der Bonsai hat sich nach einem halben Jahr im größeren Gefäß gut erholt, die Zweige sind lang ausgewachsen – höchste Zeit für einen Rückschnitt.

2 Der lange Gipfel wurde inzwischen entfernt. Nun werden die seitlichen Äste so eingekürzt und ausgelichtet, dass wieder eine natürliche Kronensilhouette entsteht.

3 Der Bonsai nach dem ersten Rückschnitt: Stamm und Wurzeln sind wieder sichtbar. Jetzt kann er in ein passenderes Gefäß umgepflanzt werden (→ Seite 18/19).

unserem Beispiel, senkrechte Seitenzweige vorhanden sind, kann man ihn vollständig entfernen. Als neuen Gipfel wählt man dann einen geeigneten Seitenzweig (→ Seite 22, Abb. 1, und Seite 23, Abb. 2).

Seitenachsen einkürzen Im nächsten Schritt werden die Seitenäste so eingekürzt, dass insgesamt eine natürliche Kronensilhouette entsteht. Dabei kürzt man die Seitentriebe oben stärker ein als an der Kronenbasis (→ Abb. 3).

Immer knapp vor einem Blatt schneiden Der Rückschnitt erfolgt stets einige Millimeter vor einem Blatt, sodass die stehen gelassene Knospe nicht zurücktrocknet (→ Seite 20, Tipp). Die Knospe wird nach ihrer Stellung am Zweig jeweils so ausgewählt, dass der zukünftige Neutrieb in die gewünschte Richtung wachsen wird.

Vorsicht Alle *Ficus*-Arten enthalten Milchsaft. Bei manchen Menschen reagiert die Haut bei Berührung mit dem Milchsaft allergisch. Es empfiehlt sich deshalb, beim Schneiden vorsorglich dünne Gummihandschuhe zu tragen. Wenn man einen *Ficus* nach dem Schnitt leicht mit Wasser über-

sprüht, können Hautreizungen schon nach kurzer Zeit nicht mehr auftreten.

Geeignete Werkzeuge

Erfahrene Bonsaigärtner benutzen für die Pflege ihrer Bäume spezielle Werkzeuge, die in Fernost für diese Arbeiten entwickelt wurden. Für grobe Schnitte verwendet man eine Konkavzange (→ Seite 22, Abb. 1), für dünnere Zweige Bonsai-Scheren in verschiedenen Stärken und Ausführungen (→ Seite 22, Abb. 2 und Umschlagseite hinten). Anfänger tun sich mit den zunächst unhandlich erscheinenden Scheren meist recht schwer. Aber es gibt eine preiswerte Alternative: europäische Werkzeuge aus dem Baumarkt und Gartenfachhandel. Sie sind zur Bonsai-Pflege durchaus geeignet. Größere Zweige entfernt man mit einer Rosenschere. Allerdings gelingt der Schnitt nicht so glatt am Stamm wie mit japanischem Werkzeug. Für feine Zweige eignet sich eine Stecklingsschere.

Wichtig Alle Schnittwerkzeuge müssen scharf sein, damit die Schnitte glatt sind und schnell heilen.

Wuchskorrektur mit Bonsaidraht

Zur Korrektur von zu steil stehenden Ästen verwenden Bonsaigärtner Draht verschiedener Stärken. Das hat den Vorteil, dass man den mit Draht umwickelten Ast oder Zweig behutsam in jede Richtung biegen kann, sodass ein sehr harmonischer Kronenaufbau erreicht wird. Natürlich hat das Drahten auch Nachteile: Bei einem stabilisierten Zweig hat man kein Gefühl mehr, wann man zu stark biegt, und der Zweig bricht. Außerdem beginnt der Draht durch das Dickenwachstum des Zweigs nach wenigen Monaten einzuwachsen und muss entfernt werden. Falls der Zweig dann noch nicht die gewünschte Richtung von alleine einhält, muss erneut gedrahtet werden.

Speziellen Bonsaidraht erhält man im Fachhandel. Es handelt sich um relativ weichen Aluminiumdraht, dessen Oberfläche verkupfert oder braun eloxiert ist. So fällt die Stütze im Baum weniger auf.

Auf ein Widerlager achten

Gedrahtet wird prinzipiell von innen nach außen, und zwar mit einem Steigungswinkel von etwa 45°. Das gibt den besten Halt. Um einem Zweig nach dem Drahten eine neue Form geben zu können, muss der stützende Draht eine Verbindung zu einer Nachbarachse oder zum Stamm haben. Der Draht wird also zunächst mit zwei bis drei Windungen um die als Widerlager fungierende Nachbarachse gelegt und dann erst um die Basis des zu korrigierenden Astes (→ Seite 25, Abb. links). Danach legt man den Draht so weit in Richtung Spitze eng um den Zweig, wie man den Zweig später biegen will, bzw. so weit, wie der Draht für den Zweig nicht zu steif ist. Ist dies der Fall, stabilisiert man die Zweigspitze mit dünnerem Draht, der wiederum zunächst mit einigen Windungen parallel zum stärkeren Draht gelegt wird (→ Seite 25, Abb. rechts).

Drahtstärke Für Bonsaidraht aus beschichtetem Aluminium gilt als einfache Faustregel: Die Drahtstärke beträgt maximal ein Drittel der Zweigstärke. Beim härteren Kupferdraht darf die Drahtstärke höchstens ein Viertel der Zweigstärke betragen.

Abspannen stärkerer Äste: Die Drähte laufen von der Polsterauflage zum Widerlager und werden dort fixiert.

Der Stützdraht läuft glatt und ohne Überkreuzungen vom Widerlager (ganz rechts im Bild) über die Verzweigung zu dem zu korrigierenden Zweig (links).

Mehrere Drähte am selben Zweig werden exakt parallel angelegt. So bieten sie sicheren Halt, ohne dass die Rinde mit der Zeit eingeschnürt wird.

Werkzeuge zum Drahten Der professionelle Bonsaigärtner verwendet zum Drahten eine scharfe Drahtschere und zum exakten Anlegen der Drahtenden eine flache, sogenannte Jin-Zange (→ Umschlagseite hinten). Als preiswerter Ersatz können ein bis zur Spitze scharfer Seitenschneider und eine kleine Flachzange dienen.

An abgeschnittenen Zweigen üben

Für den Anfänger ist das Drahten nicht ganz einfach. Ich empfehle, an abgeschnittenen Zweigen von einem Strauch aus dem Garten zu üben. Die Rinde darf durch den Draht nicht abgeschnürt werden, trotzdem muss die Drahtspirale so eng angelegt werden, dass sie den Zweig tatsächlich stützt. Besonders schwer fällt das Anlegen eines zweiten Drahts, um feine Nachbaräste zu stabilisieren. Er muss am Hauptast absolut parallel zum ersten, meist stärkeren Draht angelegt werden, sonst lässt sich der Zweig nicht korrekt formen. Außerdem sollte man unbedingt üben, wie stark man einen gedrahteten Zweig biegen kann, ohne dass er bricht. Viele Bonsaigärtnereien bieten Kurse für Anfänger an, in denen man Schnitt, Drahten und Umpflanzen lernen kann. Auch in den Arbeitskreisen der nationalen Bonsai-Clubs (→ Seite 62) erhält man professionelle Anleitung und die nötigen Tipps.

Stärkere Äste abspannen

Stärkere Äste lassen sich meist nicht mehr drahten, ohne dass die Rinde beschädigt wird. Ihre Wuchsrichtung lässt sich nur durch Abspannen korrigieren (→ Seite 24, Abb.). Zum Schutz erhält die Rinde zunächst ein dickes Polster aus kleinen Kokosseilstücken. Nun legt man den Spanndraht so vorsichtig um den Zweig, dass er die Rinde weder berührt noch nach dem Spannen einschneidet. Als Widerlager kann eine Drahtschlinge dienen, die man von unten durch den Wurzelballen zieht. Eine Alternative bietet auch eine kräftige Drahtschlinge, die je nach Form des Gefäßes waagerecht um den Gefäßrand oder senkrecht um das Gefäß gelegt wird.

Pflanzen-Porträts

Auf den folgenden Seiten finden Sie eine Auswahl der wichtigsten im Fachhandel als Zimmerbonsai angebotenen Arten. Meist unterscheiden sie sich kaum von der Pflege anderer Zimmer- und Kübelpflanzen – außer im Schnitt und der Verwendung eleganterer Gefäße.

Die schönsten Zimmerbonsai

Sollen Zimmerbonsai viele Jahre lang in der Wohnung gedeihen, müssen sie sich dort wohlfühlen. Wir haben die Gehölze deshalb nach ihren Klimaansprüchen in vier Gruppen geordnet. So können Sie sich Ihre Bonsaisammlung aus jenen Gehölzarten aufbauen, die für Ihre Wohnungssituation und Ihre Überwinterungsmöglichkeiten geeignet sind.

Bonsai für das Wohnzimmer Ganzjähriges Wohnzimmerklima, besonders die trockene Heizungsluft im Winter, vertragen nur wenige Gehölze. Empfehlenswert sind vor allem tropische und subtropische Vertreter der Gattung *Ficus*. Die für die Wohnung geeigneten Arten stammen aus Wäldern rund um den Äquator. Viele dieser Pflanzen besitzen Blätter mit einer dicken Wachsschicht, die sie vor dem Austrocknen schützt. Das ermöglicht den Pflanzen auch das Überleben in zentralgeheizten Wohnungen (→ Seite 28–37).

Bonsai für den Wintergarten Gehölze aus Gegenden mit mildem, aber jahreszeitlich wechselndem Klima brauchen von November bis März einen hellen Überwinterungsraum wie einen Wintergarten oder ein helles Treppenhaus mit Temperaturen nicht über 18 °C (→ Seite 38–41).

Bonsai für kühle Überwinterung Viele Pflanzen aus subtropischem und mediterranem Klima wie etwa der Granatapfel verlangen niedrige Wintertemperaturen, da sie während der kurzen Tage eine Ruhephase durchmachen. Ideal ist für sie ein helles, ungeheiztes Treppenhaus mit Temperaturen von 5–10 °C (→ Seite 42–53).

Im Weinbauklima frostharte Gehölze wie der Buchs brauchen im Winter eine echte Ruhephase in einem knapp frostfrei gehaltenen Gewächshaus. In Gegenden mit Weinbauklima können sie im Freien überwintern (→ Seite 54–57).

ELEGANT *Ficus microcarpa* var. *microcarpa* mit sichtbaren Wurzeln und breit ausladender Krone

Ficus

Tropische Feigenarten

PFLEGE leicht | **WINTERTEMPERATUR** 22 °C
DRAHTEN nur für kurze Zeit

Unter den unzähligen Feigenarten aus tropischen und subtropischen Klimazonen finden sich die idealen Zimmerbonsai schlechthin. Die dunkelgrünen Blätter sind mit einem Wachsüberzug versehen. Die intensive Farbe macht sie schattenverträglich, und die Wachsschicht schützt vor Lufttrockenheit. Sie kommen mit hellen Standorten genauso gut zurecht wie mit halbschattigen– manche sogar mit schattigen. Die Gattung *Ficus* ist jedoch nicht auf den Tropengürtel beschränkt, es gibt auch Vertreter in subtropischem Klima, z. B. der unter anderem in

Südchina beheimatete *Ficus microcarpa* (→ Seite 32). Er gedeiht auch noch bei Wintertemperaturen unter 15 °C. Die essbare Feige *(Ficus carica)* begnügt sich sogar mit mediterranen Wintertemperaturen. Aufgrund der enormen Variationsbreite und Artenfülle ist die Bestimmung der einzelnen *Ficus*-Arten nicht ganz einfach. Die Wissenschaftler sind sich bei vielen Formen über die korrekte Namensgebung uneins. Ein und dieselbe Sorte oder Art werden deshalb im Handel oft unter verschiedenen Namen angeboten. Auf der anderen Seite macht es diese enorme Formenfülle möglich, allein mit verschiedenen *Ficus*-Vertretern eine umfangreiche Bonsaisammlung aufzubauen. Ich selbst hatte in den vergangenen 20 Jahren etwa 30 verschiedene *Ficus*-Arten und -Sorten als Bonsai in Kultur.

Standort Je nach Art hell bis halbschattig. Belichtung mit Kunstlicht ist möglich. Zimmertemperatur im Winter wird von allen immergrünen Arten gut vertragen. Alle Vertreter mit dickfleischigen Blättern nehmen trockene Heizungsluft nicht übel (z. B. *F. benjamina, F. microcarpa*). Arten ohne Wachsüberzug auf den Blättern(z. B. *F. sikkimensis*) reagieren dagegen auf trockene Luft empfindlicher. Hier hilft regelmäßiges Übersprühen der Krone.
Bringt man immergrüne *Ficus*-Bonsai im Sommer ins Freie, müssen sie die ersten vier Wochen unbedingt im absoluten Schatten aufgestellt werden.
Gießen/Düngen Die üblicherweise als Bonsai kultivierten *Ficus*-Arten lieben reichliche Wassergaben. Staunässe vertragen sie dagegen nicht. Wenn Sie zartblättrige Arten im Winter übersprühen, müssen die Blätter anschließend abtrocknen können,

 Sonne Halbschatten viel gießen mäßig gießen wenig gießen

HÄUFIG IM HANDEL Die Form *F. microcarpa* var. *microcarpa* besitzt lanzettliche Blätter. Sie ist unter anderem in den Wäldern Südchinas beheimatet.

FRUCHTSCHMUCK *Ficus deltoidea* blüht und fruchtet auch in der Wohnung regelmäßig. Dank der lockeren Krone wirkt der Baum filigran.

sonst stellen sich Schadpilze wie Mehltau und Grauschimmel ein. Gedüngt wird mit stickstoffbetonten Düngern für Grünpflanzen.

Schnitt Alle Arten vertragen einen kräftigen Rückschnitt, solange man nicht bis ins kahle Holz schneidet. Einige Blätter sollten noch vorhanden sein. Vor dem letzten Blatt lässt man ein kurzes Zweigstückchen stehen, sonst kann der Zweig zurücktrocknen.

Drahten/Abspannen Die allermeisten *Ficus*-Arten besitzen elastisches Holz, sodass man ihre Äste gut biegen kann. Allerdings wächst der Draht aufgrund der zarten Rinde sehr rasch ein, was hässliche Narben hinterlässt. Der Draht sollte deshalb spätestens nach drei Monaten wieder entfernt werden. Wenn nur einzelne Äste flacher gestellt werden sollen, ist Abspannen empfehlenswerter.

Substrat Alle tropischen und subtropischen *Ficus*-Arten bevorzugen eine leichte, humose und gut belüftete Erde mit Bims- oder Tongranulat.

Schädlinge/Krankheiten Am häufigsten werden *Ficus*-Arten von Spinnmilben, Schild- und eventuell auch Wollläusen befallen. Milben sind Spinnentiere und können nur mit Akariziden bekämpft werden. Schild- und Wollläuse schützen sich durch ihren Schild bzw. Wachsausscheidungen, sodass ihr Körper nicht benetzbar ist. Deshalb muss man sie mit sogenannten systemischen Insektiziden bekämpfen, die in die Pflanze eindringen, sodass sich die saugenden Parasiten am Pflanzensaft vergiften. Lassen Sie sich in einem Fachgeschäft beraten.

Besonderes Alle Feigenarten enthalten als Fraßschutz giftigen Milchsaft. Kleinkinder sollten deshalb nicht mit den Pflanzen in Kontakt kommen, und Vögel oder Nagetiere sollten nicht an Ihrem *Ficus*-Bonsai knabbern, sie könnten sich vergiften. Vorsicht beim Schnitt: Kommt der Milchsaft mit der Haut in Kontakt, kann dies bei empfindlichen Personen zu allergischen Reaktionen führen. Tragen Sie deshalb beim Schneiden Einmalhandschuhe.

Ficus benjamina Varietäten und Sorten

Birkenfeige

PFLEGE leicht | **WINTERTEMPERATUR** 22 °C
DRAHTEN nur für kurze Zeit

Die Birkenfeige *(Ficus benjamina)* ist neben dem Gummibaum *(F. elastica)* die bei uns wohl bekannteste und eine besonders leicht zu pflegende, tropische Feigenart. Ihr Laub ist so anpassungsfähig, dass die Bäume sowohl mit wenig als auch mit viel Licht zurechtkommen. Das natürliche Vorkommen der Birkenfeige ist der südwestliche Pazifikraum vom indonesischen Archipel über Südchina bis Nordaustralien. In dem riesigen, durch weite Ozeane unterteilten Verbreitungsgebiet haben sich zahlreiche Unterarten und Varietäten entwickelt, von

denen etliche auch als Zimmerpflanzen angeboten werden. Darüber hinaus sind in den zahllosen Gärtnereien, in denen diese Feigenbäume kultiviert werden, Spielarten (sogenannte Sports) entstanden, die dann als neue Sorten in Kultur genommen wurden. Sports sind spontane Mutanten, die aufgrund einer plötzlichen Erbveränderung an einer Knospe entstehen. Der aus der genetisch veränderten Knospe austreibende Zweig hat dann ein anderes Aussehen als die übrige Pflanze. Durch Stecklingsvermehrung lässt sich daraus eine neue Sorte gewinnen. Außerdem können die Pflanzen von für sie harmlosen Viren befallen werden, die ebenfalls die Wuchsform oder die Blätter verändern. So entstehen Pflanzen mit weißbunten (panaschierten) oder gekräuselten Blättern. Bei panaschierten Sorten bilden sich jedoch gelegentlich wieder Zweige mit normalen Blättern. Diese können die panaschierten Zweige überwuchern. Soll die bisherige Sorte erhalten bleiben, schneidet man die grünen Zweige heraus.

Wo die Luftfeuchtigkeit ausreicht, entwickeln Birkenfeigen gern sprossbürtige Luftwurzeln, die dann als malerischer Vorhang aus der Krone hängen. Man kann das künstlich fördern, indem man den Stamm bis zur Krone locker mit Plastikfolie umhüllt und so die Luftfeuchtigkeit erhöht. Darüber hinaus kann die Feigenart epiphytisch wachsen, d. h. in der Krone eines anderen Baums. Auch diese Fähigkeit lässt sich in der Bonsaigestaltung ausnützen. Setzt man eine Birkenfeige in ein hohes, größtenteils mit kalkfreiem Kies gefülltes Gefäß, das nur am Boden eine Schicht Pflanzerde enthält, dann entwickeln

 Sonne Halbschatten viel gießen mäßig gießen wenig gießen

ZIERLICH 'Nastasja' ist eine kleinblättrige Sorte der bekannten Birkenfeige (*F. benjamina*). Sie eignet sich auch gut für kleinformatige Bonsai.

PANASCHIERT *F. benjamina* 'Starlight' ist eine weißbunte Sorte. Weil sie weniger Blattgrün haben, brauchen panaschierte Pflanzen mehr Licht.

sich lange Wurzeln, die man freilegen kann, sobald sie genügend kräftig sind, um den Bonsai zu tragen. Die Pflege aller Birkenfeigen ist in etwa gleich. Nur die Sorten mit panaschierten Blättern benötigen einen ausreichend hellen Standort, da ja nur ein Teil ihrer Blattflächen zur Fotosynthese fähig ist. Eine weißbunte Form mit besonders kleinen Blättern ist *F. benjamina* 'Starlight'. Eine andere für die Bonsaigestaltung interessante Varietät ist *F. benjamina wiandi*. Diese Bäume zeichnen sich durch einen sehr malerischen, knorrigen Wuchs aus. Meist genügen ein leichter Rückschnitt und das Entfernen zu dicht stehender Äste, um einen bizarr wachsenden Bonsai zu erhalten. Allerdings besitzen die Bäume extrem kurzfaseriges und bruchanfälliges Holz. Es ist praktisch unmöglich, *F. benjamina wiandi* zu drahten, was jedoch aufgrund des malerischen Wuchses auch nicht erforderlich ist.

Standort Je nach Art hell bis halbschattig bei normaler Zimmertemperatur. Kunstlicht wird vertragen.

Im Sommer, etwa ab Mitte Juni bis Mitte September, ist auch ein Standort im Freien möglich.

Gießen/Düngen Reichlich gießen, aber Staunässe vermeiden. Dünger für Grünpflanzen geben.

Schnitt Jederzeit möglich. Vor dem letzten Blatt ein kurzes Zweigstückchen stehen lassen, sonst kann der Zweig zurücktrocknen. Beim Schneiden Handschuhe tragen.

Drahten/Abspannen Bis auf *F. benjamina wiandi* besitzen alle Varietäten und Sorten elastisches Holz. Wegen der zarten Rinde wächst der Draht rasch ein, deshalb muss er rechtzeitig wieder entfernt werden. Abspannen mit jeweils einem Polster unter dem Spanndraht ist deshalb empfehlenswerter.

Substrat Leichte, humose und gut belüftete Erde.

Schädlinge/Krankheiten Neben den für tropische *Ficus* typischen Schädlingen können die relativ zartblättrigen Birkenfeigen gelegentlich auch von Blattläusen befallen werden. Man bekämpft sie mit für Zimmerpflanzen zugelassenen Insektiziden.

GENEIGTER STAMM Um die Neigung dieses Bonsai auszubalancieren, ist die Krone auf der Seite größer, die der Neigung gegenüberliegt. So befindet sich der Kronenschwerpunkt über der Wurzel.

eine Form mit etwas schlankeren Blättern, *F. microcarpa* var. *nitida*. Außerdem gibt es eine schmalblättrige Form mit dickfleischigen Wurzeln, die als Sorte 'Ginseng' vertrieben wird (→ Seite 9, Abb.). Alle Formen sind außerordentlich robust und leicht zu pflegen. Die Normalform verträgt kurzfristig sogar Temperaturen nahe der Frostgrenze.

Standort Hell bis halbschattig bei normaler Zimmertemperatur. Kunstlicht wird vertragen. Die Normalform kann im Sommer ab Ende Mai bis Ende September ins Freie. Die anderen Varietäten sind wärmebedürftiger und sollten erst dann im Freien aufgestellt werden, wenn bei uns die sogenannte Schafskälte – Mitte Juni – vorüber ist.

Gießen/Düngen Reichlich gießen, aber Staunässe vermeiden. Grünpflanzendünger verwenden.

Schnitt Jederzeit möglich. Vor dem letzten Blatt ein kurzes Zweigstückchen stehen lassen, sonst kann der Zweig zurücktrocknen. Zu Hautallergien neigende Personen sollten beim Schneiden Gummihandschuhe tragen.

Drahten/Abspannen Das elastische Holz lässt sich problemlos formen. Aufgrund der zarten Rinde wächst der Draht rasch ein und sollte rechtzeitig wieder entfernt werden. Abspannen mit einem Polster unter dem Spanndraht ist empfehlenswerter.

Substrat Leichte, humose und gut belüftete Erde.

Schädlinge/Krankheiten *F. microcarpa* wird gelegentlich von Schild-, Wollläusen und von Spinnmilben befallen. Man bekämpft sie mit systemisch wirkenden Spritzmitteln (Fachhandel).

Ficus microcarpa
Indische Lorbeerfeige

PFLEGE leicht | **WINTERTEMPERATUR** 18–22 °C
DRAHTEN nur für kurze Zeit

Die Indische Lorbeerfeige hat ein noch größeres Verbreitungsgebiet als die Birkenfeige *(Ficus benjamina)*. Sie ist unter anderem auch in den Wäldern Südchinas zu Hause, also in der ursprünglichen Heimat der Bonsaikultur. Die verschiedenen Unterarten lassen sich dort im Freien kultivieren. Aus diesem Grund werden Vertreter dieser Feigenart häufig als Zimmerbonsai angeboten: Neben der Normalform *F. microcarpa* mit lanzettlichen Blättern sind es zwei Varietäten mit fleischigen Blättern – die rundblättrige Form *F. microcarpa* var. *retusa* und

Ficus schlechteri

Schlechters Feige

PFLEGE leicht | **WINTERTEMPERATUR** 22 °C
DRAHTEN nur für kurze Zeit

F. schlechteri ist ausgesprochen schattenverträglich. Als Besonderheit zeigen die jungen Blätter eine kupferfarbene Tönung.

Standort Hell bis relativ schattig bei normaler Zimmertemperatur. Kunstlicht wird vertragen.

Gießen/Düngen Reichlich gießen, aber Staunässe vermeiden. Grünpflanzendünger verwenden.

Schnitt Jederzeit möglich. Die für *Ficus* typischen Hinweise beachten (→ Seite 28/29).

Drahten/Abspannen Sehr elastisches Holz. Achtung: zarte Rinde.

Substrat Leichte, humose und gut belüftete Erde.

Schädlinge, Krankheiten Wenig anfällig, gelegentlich Spinnmilben.

Besonderheit Die Vermehrung durch Stecklinge ist einfach. Abgeschnittene Zweige bewurzeln problemlos in einem Glas Wasser und werden in humoser Erde zu ansehnlichen Bäumen herangezogen.

Ficus neriifolia

Oleanderblättrige Feige

PFLEGE etwas anspruchsvoll | **WINTERTEMPERATUR** 22 °C | **DRAHTEN** nur für kurze Zeit

Der Handel führt drei schmalblättrige, einander sehr ähnliche Feigenarten: *Ficus neriifolia, F. salicifolia* und *F. sikkimensis*. Alle haben hellgrünes, zartes Laub und sind etwas empfindlicher als Arten mit derberem Laub. Sie brauchen einen hellen, nicht prallsonnigen Standort und aufmerksame Pflege.

Standort Hell, pralle Sonne vermeiden. Ganzjährig Zimmertemperatur.

Gießen/Düngen Die Pflanzen sind kalkempfindlich. Mäßig gießen, wenn möglich mit Regenwasser. Staunässe unbedingt vermeiden.

Schnitt Jederzeit möglich. Die für *Ficus* typischen Hinweise beachten (→ Seite 28/29).

Drahten/Abspannen Relativ elastisches Holz. Achtung: zarte Rinde.

Substrat Leichte, humose und gut belüftete Erde.

Schädlinge/Krankheiten Neben den für *Ficus* typischen Schädlingen Befall durch Blattläuse möglich.

Carmona retusa
Fukien-Tee

PFLEGE anspruchsvoll | **WINTERTEMPERATUR** 22 °C | **DRAHTEN** nur bei jüngeren Zweigen

Der Fukien-Tee wird unter verschiedenen Artnamen angeboten, z. B. *Carmona microcarpa*, *C. macrocarpa* und *C. heterophylla*. Auch hinter dem veralteten Namen *Ehretia microphylla* verbirgt sich ein *Carmona*-Bonsai. Der Grund für die vielen Namen ist wohl, dass viele der als Zimmerbonsai angebotenen Pflanzen nicht als normale Topfpflanzen im Handel sind und es die chinesischen Bonsaigärtner mit den wissenschaftlichen Namen in einer für sie fremden Sprache nicht immer so genau nehmen.

STRENG AUFRECHT Ein mehrere Jahre alter Baum wurde stark eingekürzt und zum Bonsai gestaltet.

Frei in der Natur wächst sich *Carmona* zu einem größeren Strauch oder kleinem Baum von maximal 4 m Höhe aus. Wegen ihrer Schnittverträglichkeit wird die Pflanze in ihrer Heimat gern als Hecke gepflanzt. Das macht auch ihre Verwendung als Bonsai interessant. Die Krone des kleinen Baums trägt schlanke, überhängende Zweige, die graue Borke des Stamms wird im Alter knorrig. Das verleiht einem älteren *Carmona*-Bonsai ein wunderbar altehrwürdiges Aussehen, wie man es an einem Bonsai schätzt. Die dunkelgrünen, behaarten und mit weißlichen Wachsdrüsen gezierten Blätter werden als Tee zu medizinischen Zwecken verwendet. Das ist auch der Grund für den deutschen Namen Fukien-Tee. Der Tee soll gegen Husten und allerlei Verdauungsprobleme helfen. *Carmona* ist in Südostasien weit verbreitet – von Indien über Indonesien bis Nordaustralien. In Südchina ist die aparte Pflanze wegen ihrer kleinen, glänzenden Blätter, der attraktiven, schneeweißen Blüten und leuchtend roten Früchten als Bonsai außerordentlich beliebt. Deshalb werden *Carmona*-Pflanzen auch bei uns so häufig als Zimmerbonsai angeboten. Fukien-Tee hat seinen Namen von der südchinesischen Provinz Fujian. Dort herrscht subtropisches, feuchtwarmes Monsunklima. Als Zimmerbonsai erfordert *Carmona* eine aufmerksame Pflege. Ist die Luft zu trocken, verliert der Baum einen Teil seiner Blätter. Bleibt das Laub zu lange feucht, droht Befall mit Grauschimmel (Botrytis). In der Wohnung benötigt *Carmona* einen hellen, luftigen Standort ohne pralle Mittagssonne. Die Pflanzerde sollte ausreichend Wasser speichern. Frisch importierte Bonsai, die

 Sonne Halbschatten viel gießen mäßig gießen wenig gießen

GESUND Der Fukien-Tee ist eine alte Heilpflanze. Ein Tee aus frischen oder getrockneten Blättern zubereitet, hilft gegen verschiedene Krankheiten.

BLÜTENPRACHT Bei guter Pflege und optimalem Standort blüht Fukien-Tee das ganze Jahr. Werden die Blüten befruchtet, entwickeln sich rote Beeren.

aus *Carmona* oder anderen in Südchina heimischen Laubgehölzen gestaltet sind, zeigen gelegentlich ein Problem: Sie sind in ein für die Zimmerkultur ungeeignetes Substrat gepflanzt. Im tropischen bzw. subtropischen Freiland bei rund 2000 mm Jahresniederschlag ist Löß eine optimale Pflanzerde. Mitunter werden die Bäume jedoch bei uns im original Lößboden aus der chinesischen Bonsaigärtnerei angeboten. Dieses Substrat ist in der Wohnung aber schwierig zu gießen. Es verdichtet und lässt sich nur mit einer sehr feinen Brause wässern. Ein *Carmora*-Bonsai sollte in diesem Fall so bald wie möglich in eine Erdmischung umgepflanzt werden, die für die Zimmerkultur besser geeignet ist (→ Seite 18/19). Verwenden Sie außerdem ein relativ großes Gefäß, dann haben die empfindlichen Wurzeln genug Platz.

Standort Hell, pralle Sonne vermeiden. Ganzjährig Zimmertemperatur. Im Hochsommer ist auch ein Platz im Freien möglich (Halbschatten).

Blüte Hauptblütezeit Frühjahr bis Sommer, bei optimalem Standort ganzjährige Nachblüte. Wird die Blüte bestäubt, erscheinen rote, nicht essbare Früchte.

Gießen/Düngen Aufmerksam, d. h. nicht zu reichlich gießen, Staunässe unbedingt vermeiden. Trockene Luft vermeiden. Wenn die Pflanze übersprüht wird, darauf achten, dass die Blätter bis zum Abend gut abgetrocknet sind. Mit einem Volldünger düngen.

Schnitt Jederzeit möglich. Nicht ins kahle Holz schneiden.

Drahten/Abspannen Nur bei jungen, noch elastischen Zweigen möglich. Ältere Zweige können brechen. Die Borke ist gegen Drahten relativ unempfindlich.

Substrat Gut wasserhaltende, gut belüftete Erde.

Schädlinge/Krankheiten Vor allem empfindlich gegen Grauschimmel (Botrytis). Ansonsten treten Spinnmilben, Blattläuse und gelegentlich auch Schild- und Wollläuse auf.

 regelmäßig übersprühen ✱ Blütenschmuck Fruchtschmuck kann Hautallergien auslösen giftig

Eugenia uniflora

Surinam-Kirsche

PFLEGE anspruchsvoll | **WINTERTEMPERATUR**
22 °C | **DRAHTEN** nur bei jüngeren Zweigen

Unter dem Gattungsnamen *Eugenia* werden im
Handel zwei sehr ähnliche Myrtengewächse angeboten, die jedoch unterschiedliche Pflege erfor-
dern. *Eugenia uniflora*, die hier beschriebene Surinam-Kirsche, stammt aus dem tropischen Brasilien.
Die Kirschmyrte, *Syzygium paniculatum* (→ Seite 38)
stammt dagegen aus Australien und liebt eine
mäßig kühle Überwinterung. Die beiden Gehölze
lassen sich an den jungen Blättern unterscheiden.
Eugenia besitzt glatte Blätter mit rötlichem Austrieb, während bei *Syzygium* die jungen Blätter

BESENFORM Stutzt man die Zweige einer Jung-
pflanze regelmäßig, entwickelt sich dieser Kronenaufbau von ganz alleine.

leicht runzelig erscheinen. Soll der Surinam-Kir-
schen-Bonsai blühen und fruchten, reduziert man
im Spätwinter die Wassergaben für vier bis sechs
Wochen und stellt ihn kühler. Außerdem darf er ab
März nicht mehr gestutzt werden. Erst nach der
Blüte bzw. Ernte erfolgt ein scharfer Rückschnitt.
Standort Hell, pralle Sonne vermeiden. Ganzjäh-
rig Zimmertemperatur. Im Hochsommer ist auch ein
Platz im Freien im Halbschatten möglich.
Blüte Frühjahr. Bei Bestäubung erscheinen rote,
essbare Früchte.
Gießen/Düngen Aufmerksam, d.h. nicht zu reich-
lich gießen, Staunässe und trockene Luft vermei-
den, eventuell die Pflanze übersprühen.
Schnitt Jederzeit möglich, außer wenn der Bonsai
blühen soll. Nicht ins kahle Holz schneiden.
Drahten/Abspannen Nur bei jungen, noch elasti-
schen Zweigen möglich.
Substrat Gut wasserhaltende, gut belüftete Erde.
Schädlinge/Krankheiten Gelegentlich treten
Spinnmilben, Schild- und Blattläuse auf.

 Sonne   Halbschatten   viel gießen   mäßig gießen   wenig gießen

GENEIGTER STAMM Mit seiner freiliegenden Wurzel »tanzt« der Bonsai gewissermaßen in der Schale.

Standort Hell, pralle Sonne vermeiden. Ganzjährig Zimmertemperatur. Im Hochsommer ist auch ein Platz im Freien möglich (Halbschatten). Im Winter darf die Temperatur bis auf 18 °C absinken.

Blüte Weiß duftende Blüten im Juni–Juli, anschließend rote, allerdings ungenießbare Früchte.

Gießen/Düngen Nicht zu reichlich gießen, Staunässe vermeiden. Zur Erhöhung der Luftfeuchtigkeit kann man die Pflanze regelmäßig besprühen. Vor Beginn der Blütenbildung, ab dem Frühjahr, düngt man alle zwei Wochen. Ab Herbst die Düngergaben reduzieren.

Schnitt Kräftiger Rückschnitt jederzeit möglich. Soll die Pflanze blühen, schneidet man ab Ende Mai nicht mehr, sonst entfernt man den Blütenflor. Nicht ins kahle Holz schneiden.

Drahten/Abspannen Nur bei jungen, elastischen Zweigen. Ältere Zweige sind relativ steif.

Substrat Wasserhaltende, gut belüftete Erde.

Schädlinge/Krankheiten Spinnmilben, Schildläuse und Weiße Fliegen. Letztere immer sofort bekämpfen – und zwar vorbeugend an allen Pflanzen.

Murraya paniculata

Orangenjasmin

PFLEGE leicht | **WINTERTEMPERATUR** 18–22 °C
DRAHTEN nur bei jüngeren Zweigen

Der Orangenjasmin ist ein robuster Strauch oder kleiner Baum aus Ostasien. Wegen seiner duftenden Blüten und der Schnittverträglichkeit wird Orangenjasmin in warmen Gegenden oft als Hecke gepflanzt. Die Bonsaigärtner im Süden Chinas verwenden die Pflanze mit ihren duftenden Blüten gern zur Produktion attraktiver Bonsai. Die relativ großen Blätter sind unpaarig gefiedert. An einem kleineren Bonsai kann man die langen Blattrippen auf zwei bis drei Blättchen einkürzen, damit die Blattgröße besser zum Format des Bonsai passt.

Syzygium paniculatum

Australische Kirschmyrte

PFLEGE anspruchsvoll | **WINTERTEMPERATUR** 12–18 °C | **DRAHTEN** nur bei jüngeren Zweigen

Die Australische Kirschmyrte *(Syzygium paniculatum)* ist eine bei uns altbekannte Kübelpflanze. Attraktive Exemplare fanden sich schon vor 200 Jahren in herrschaftlichen Orangerien Europas, von Versailles über London bis Sanssouci. Wie die Surinam-Kirsche (→ Seite 36) erfreut uns die Australische Kirschmyrte mit weißen Blüten.

Standort Hell, pralle Sonne vermeiden. Im Sommer ist ein Platz im Freien optimal – zunächst im Halbschatten, nach der Akklimatisation ist auch volle Sonne möglich. Im Winter braucht sie einen

ZWILLINGSSTAMM Die beiden Stämme wachsen aus einer Wurzel und bilden ein gemeinsames Kronendach.

hellen, aber mäßig warmen Standort nicht über 18 °C. Ein Wintergarten oder ein helles, aber kühles Treppenhaus ist ideal.

Blüte Spätfrühling bis Frühsommer. Bei Bestäubung erscheinen dekorative rote, essbare Früchte.

Gießen/Düngen Aufmerksam, d. h. nicht zu reichlich gießen, Staunässe und trockene Luft vermeiden. Wenn die Pflanze übersprüht wird, müssen die Blätter bis zum Abend gut abtrocknen.

Schnitt Jederzeit möglich. Nicht ins kahle Holz schneiden. Will man den Blütenflor genießen, darf der Bonsai ab der Bildung der Blütenknospen im zeitigen Frühjahr nicht mehr geschnitten werden. Nach der Blüte bzw. Fruchtbildung ist dann ein kräftiger Formschnitt notwendig.

Drahten/Abspannen Nur bei jungen, noch elastischen Zweigen möglich. Ältere Zweige sind steif.

Substrat Gut wasserhaltende und gut belüftete Erde.

Schädlinge/Krankheiten Gelegentlich können Spinnmilben, Schild- und Blattläuse auftreten.

 Sonne  Halbschatten viel gießen 🪣 mäßig gießen 🪣 wenig gießen

Serissa foetida

Baum der tausend Sterne

PFLEGE anspruchsvoll | **WINTERTEMPERATUR** 10—18 °C | **DRAHTEN** gut möglich

Der »Baum der tausend Sterne« macht seinem Namen alle Ehre und bezaubert mit herrlichen Blüten.
Standort Hell, aber pralle Sonne vermeiden. Wintertemperatur nicht über 18 °C. Im Sommer ist ein Platz im Freien optimal, zunächst im Halbschatten, später auch in voller Sonne. Reagiert auf Ortswechsel mit Blattfall, treibt jedoch wieder willig aus.
Blüte Hauptblüte im Juni.
Gießen/Düngen Nicht zu reichlich gießen, Staunässe und trockene Luft vermeiden. Besprühte Blätter sollten bis zum Abend abtrocknen. Während der Blüte alle zwei bis drei Wochen düngen.
Schnitt Jederzeit. Nicht ins kahle Holz schneiden.
Drahten/Abspannen Gut möglich. Draht rechtzeitig wieder entfernen, da er rasch einwächst.
Substrat Gut wasserhaltende, gut belüftete Erde.
Schädlinge/Krankheiten Gelegentlich Spinnmilben, Schild- und Blattläuse.

Sageretia thea

Sageretie

PFLEGE anspruchsvoll | **WINTERTEMPERATUR** 10—18 °C | **DRAHTEN** nur bei jungen Zweigen

Sageretien besitzen eine rötlich braune Borke, die sich in Platten ablöst. Das verleiht auch jungen Pflanzen das knorrige Aussehen alter Bäume.
Standort Hell, pralle Sonne vermeiden. Wintertemperatur nicht über 18 °C. Im Sommer ist ein Platz im Freien im Halbschatten optimal.
Blüte Zarte Blütenrispen im Spätfrühling.
Gießen/Düngen Im Sommer reichlich, im Winter mäßig gießen. Heizungsluft vermeiden. Besprühte Blätter sollten bis zum Abend trocknen. Im Sommer alle zwei bis drei Wochen, im Winter nicht düngen.
Schnitt Jederzeit. Soll die Pflanze blühen, ab Februar/März nicht mehr schneiden. Kräftiger Rückschnitt nach der Blüte. Nicht ins kahle Holz schneiden.
Drahten/Abspannen Draht vorsichtig und rechtzeitig wieder entfernen, da er rasch einwächst.
Substrat Gut wasserhaltende, gut belüftete Erde.
Schädlinge/Krankheiten Mehltau, Weiße Fliege.

Portulacaria afra

Strauchportulak

PFLEGE leicht | **WINTERTEMPERATUR** 12–18 °C
DRAHTEN schwierig

Der Strauchportulak oder Speckbaum bildet in den Halbwüsten Südafrikas dichte Hecken. Im Frühjahr nach dem kühlen und trockenen Winter überziehen sich die *Portulacaria*-Hecken mit weißen bis rosafarbenen Blütendolden. Als Bonsai ist *Portulacaria* einfach zu pflegen. Die Wurzeln der typischen Wüstenpflanze sind allerdings empfindlich gegen zu reichliches Gießen.

Standort Hell. Wintertemperatur nicht über 18 °C. Im Sommer ist ein Platz im Freien optimal – zunächst im Halbschatten, nach der Akklimatisation

FREI AUFRECHT Die Seitenäste wurden flach gestellt, Zweige an den Unterseiten entfernt und die oberseitigen Neutriebe regelmäßig gestutzt.

in voller Sonne. Will man die Pflanze bei uns zum Blühen bringen, ist eine kühle Überwinterung unbedingt erforderlich. Außerdem sollten die Pflanzen für etwa vier bis sechs Wochen so wenig gegossen werden, dass die wasserspeichernden Blätter beginnen, runzlig zu werden. Sobald sich die ersten Runzeln zeigen, gießt man wieder etwas, sonst fallen die Blätter ab und die Pflanze leidet.

Blüte Weiße bis rosa Blütendolden im Frühjahr.

Gießen/Düngen Im Sommer mäßig, im Winter wenig gießen. Die Pflanze verträgt trockene Heizungsluft. Während des Sommers mäßig düngen.

Schnitt Jederzeit möglich. Nicht ins kahle Holz schneiden. Soll die Pflanze blühen, darf ab Dezember/Januar nicht mehr geschnitten werden. Mäßiger Rückschnitt nach der Blüte empfehlenswert.

Drahten Nicht empfehlenswert. Die Zweige sind relativ steif und brechen leicht.

Erde Relativ magere, gut belüftete Erde. Zu normalen Pflanzerden mischt man 5–10 % Sand zu.

Schädlinge/Krankheiten Wenig anfällig.

  Sonne Halbschatten 🪣 viel gießen 🪣 mäßig gießen 🪣 wenig gießen

Corokia cotoneaster
Zickzackstrauch

PFLEGE leicht | **WINTERTEMPERATUR** 5–18 °C
DRAHTEN möglich

Der Zickzackstrauch stammt aus den Küstenregionen Neuseelands. Der bis zu 2 m hohe Strauch bildet an felsigen Stränden bizarr wachsende Hecken. Die filzigen Blätter zeigen, dass die Pflanze an trockene Standorte angepasst ist – sie erträgt volle Sonne. Der Zickzackstrauch braucht eine kühle Überwinterung, damit er im kommenden Sommer seine zartgelben Blüten und später die roten Beeren zeigt. *Corokia* lässt sich allein durch Schnitt zu attraktiven Bonsai mit locker aufgebauter Krone gestalten. Drahten ist meist nicht nötig. Tiefe, glockenförmige

ROHPFLANZE Ziel ist die frei aufrechte Stilform. Die weit ausladenden Seitenäste kürzt man ein, sobald sich innen neue Zweige gebildet haben.

Gefäße, wie für Halbkaskaden-Bonsai und viele Penjing-Stilformen in China gebräuchlich, sind für *Corokia* ideal.

Standort Hell. Wintertemperatur nicht über 18 °C. Soll die Pflanze im Sommer blühen, braucht sie im Winter eine Ruhephase von sechs bis acht Wochen bei maximal 5 °C. Im Sommer ist ein Platz im Freien optimal, zunächst im Halbschatten, nach der Akklimatisation in der vollen Sonne.

Blüte Gelbe Blüten ab Frühjahr.

Gießen/Düngen Regelmäßig wenig gießen. Die Pflanze verträgt trockene Heizungsluft. Während des Sommers mäßig düngen.

Schnitt Jederzeit möglich. Nicht ins kahle Holz schneiden. Auch stark beschnittene Pflanzen können noch Blüten ansetzen.

Drahten Möglich. Allerdings sind die Zweige recht zart, sodass der Draht leicht einwächst.

Substrat Relativ magere, sehr lockere Erde. Zu normalen Pflanzerden 5–10 % Sand beimischen.

Schädlinge/Krankheiten Wenig anfällig.

 regelmäßig übersprühen   Blütenschmuck   Fruchtschmuck   kann Hautallergien auslösen   giftig

Punica granatum

Granatapfel

PFLEGE anspruchsvoll | **WINTERTEMPERATUR**
5–10 °C | **DRAHTEN** möglich

Der Granatapfel ist ein Paradebeispiel für die auf den folgenden Seiten (→ Seite 42–53) beschriebenen Gehölze, die im Winter eine Ruhephase an einem ausreichend kühlen Platz benötigen. Diese Arten stammen aus mediterranen Klimazonen. Mediterranes Klima herrscht nicht nur rund um das Mittelmeer, sondern ebenso in Südkalifornien, im Süden Chiles, an der Südspitze Afrikas und in einigen Gegenden Südaustraliens. Es ist geprägt von milden, regenreichen Wintern mit Minimaltemperaturen nahe dem Gefrierpunkt und warmen, trockenen Sommern. Die in diesen Regionen heimischen Pflanzen machen größtenteils eine echte Winterruhe durch. Warm überwintert verlieren sie rasch an Vitalität, sie kümmern und werden anfällig für allerlei Schädlinge. Bevor Sie sich solch eine Pflanze anschaffen, sollten Sie deshalb klären, ob Ihre Wohnsituation für die Klimaansprüche dieser Arten ausreichende Möglichkeiten bietet. Ideal für Zimmerbonsai aus mediterranen Klimaregionen ist im Winter beispielsweise ein Fensterplatz in einem hellen, ungeheizten, aber frostfreien Treppenhaus. Sobald diese Zimmerbonsai im Vorfrühling dann wieder zu treiben beginnen, können sie auch in einen hellen, nicht zu warmen Wintergarten umziehen. Ab dem 15. Mai, dem Ende der Eisheiligen, ist dann ein Platz im Freien am besten. Nach der Akklimatisation vertragen sie dort einen vollsonnigen Platz. Hält man diese Bonsai den Sommer über auf dem Balkon, ist für einen zugfreien Platz zu sorgen, denn Wind trocknet sie rasch aus.

Falls Sie kein ausreichend kühles Treppenhaus als Winterquartier haben, können Sie unter Umständen trotzdem einen solchen Zimmerbonsai halten. Denn in Gegenden mit subtropischem bzw. mediterranem Klima kann es auch im Winter tagsüber, sofern die Sonne scheint, angenehm warm sein. Nur nachts sinkt die Lufttemperatur auf erfrischende Werte. Das bedeutet, dass auch in der Wohnung eine ausreichende, nächtliche Temperaturabsenkung auf ca. 5 °C für die Pflanzen ausreicht, damit sie ihre Winterruhe halten können.

Granatäpfel besitzen relativ zartes Laub. Das bedeutet, dass sie im Sommer viel Wasser brauchen.

GENEIGTER STAMM Ein alter Bonsai mit mächtigem Stamm und dichter Krone, der den ganzen Sommer über vereinzelte Blüten treibt

 Sonne Halbschatten viel gießen mäßig gießen wenig gießen

LEUCHTEND ROT Die attraktiven Blüten des Granatapfels werden von Insekten, vor allem von Bienen und Hummeln bestäubt.

GRANATÄPFEL Die Früchte besitzen eine lederharte Schale und bleiben lange am Zweig hängen. Bei der Zierform 'Nana' schmecken sie säuerlich.

Relativ große und tiefe Gefäße, wie sie für Halbkaskaden vom Fachhandel angeboten werden, sind für Granatapfel-Bonsai deshalb empfehlenswert. Für die Bonsai-Gestaltung ist die kleinblütige Sorte *Punica granatum* 'Nana' zu empfehlen. Die günstigste Stilform für Granatäpfel ist die Obstbaum- oder Besenform (Hokidachi). Normale Topfpflanzen, wie man sie im Frühsommer in Gärtnereien findet, lassen sich leicht in dieser Form kultivieren.

Standort Den Sommer über im Freien – zunächst im Halbschatten, nach der Akklimatisation in voller Sonne. Wintertemperatur für zwei bis drei Monate nicht über 10 °C. Da Granatapfelbäumchen ihre Blätter im Herbst abwerfen, können sie die erste Zeit sogar im Dunkeln – z. B. im Keller – überwintert werden, bis Anfang Februar die neuen Knospen zu schwellen beginnen. Ab Februar braucht die Pflanze einen hellen, aber kühlen, nicht über 15 °C warmen Standort. Erst im März/April darf die Temperatur allmählich gesteigert werden.

Blüte Ab Frühjahr, leuchtend rot. Bei ungefüllten Sorten können sich später rote Früchte ausbilden.

Gießen/Düngen Im Sommer reichlich gießen, im Winterquartier entsprechend weniger. Düngen etwa ab März, wenn die Blätter austreiben, und wegen der Blütenbildung mit Volldünger. Ab Anfang September nicht mehr düngen.

Schnitt Rückschnitt vor dem Einräumen im Herbst. Während der Wachstumsphase nur einen Auslichtungsschnitt durchführen. Die Blüten sitzen am Ende der jungen Achsen, ein zu starker Sommerschnitt verhindert deshalb die Blütenbildung.

Drahten Möglich. Allerdings sind die Zweige recht zart, sodass der Draht leicht einwächst.

Substrat Normale, wasserhaltende Pflanzerde. Umpflanzen am besten vor dem Einräumen im Herbst. Dann bilden sich bis zum Frühjahr bereits neue Feinwurzeln.

Schädlinge/Krankheiten Blattläuse, gelegentlich Weiße Fliegen und Spinnmilben.

Olea europaea

Olivenbaum

PFLEGE anspruchsvoll | **WINTERTEMPERATUR**
5–15 °C | **DRAHTEN** möglich

Die immergrüne Olive stammt aus dem Mittelmeer-
gebiet und ist außerordentlich schnittverträglich.
Frei wachsende Bäume, die für die Ernte zu groß
geworden sind, lassen sich auf den Stock setzen,
d. h., man sägt den Stamm unterhalb der Krone
oder knapp über dem Wurzelansatz quer durch.
Nach diesem Eingriff treiben sie willig wieder aus.
Diese gute Schnittverträglichkeit sowie das elastische Holz machen Oliven attraktiv für die Bonsai-
gestaltung. Die beste Stilform ist die Obstbaum-
oder Besenform (Hokidachi). Aber auch andere Stil-

BESENFORM Die flache Krone auf gewundenem
Stamm wird nur durch den Schnitt auf flach stehende Seitenzweige zur Besenform erzogen.

formen sind bei diesen robusten Pflanzen sehr gut
möglich.
Standort Den Sommer über im Freien, zunächst
im Halbschatten, nach der Akklimatisation in die
volle Sonne. Im Winter für zwei bis drei Monate
nicht über 15 °C an einen hellen Platz stellen.
Blüte Unscheinbar. Gelegentlich im Herbst grüne,
später schwärzliche Früchte.
Gießen/Düngen Im Sommer nicht zu reichlich
gießen, im Winterquartier sparsam. Die Erde darf
nie ganz austrocknen. Bei starkem Wassermangel
rollen sich die Blätter ein. Sparsam und nur in der
Vegetationsperiode düngen.
Schnitt In der Wachstumsphase sind Formschnitte
jederzeit möglich. Kräftiger Rückschnitt vor dem Ein-
räumen im Herbst. Nicht ins kahle Holz schneiden.
Drahten Möglich. Die Rinde ist aber recht zart, der
Draht wächst leicht ein. Abspannen ist besser.
Substrat Normale, wasserhaltende Pflanzerde.
Umpflanzen im Frühjahr vor dem Neuaustrieb.
Schädlinge/Krankheiten Wenig anfällig.

 Sonne   Halbschatten   viel gießen   mäßig gießen   wenig gießen

Pistacia lentiscus
Mastixstrauch

PFLEGE anspruchsvoll | **WINTERTEMPERATUR**
5–15 °C | **DRAHTEN** möglich

Der Mastixstrauch ist zweihäusig, d. h., es gibt
weibliche und männliche Pflanzen. Er wächst wild
in der Macchia, den dichten Buschwäldern des
Mittelmeerraums mit einer Fülle meist immergrüner
Bäume und Sträucher, die mit der sommerlichen
Trockenheit zurechtkommen. Der lateinische Name
Pistacia verrät, dass der Mastixstrauch mit der Ech-
ten Pistazie nah verwandt ist. Wirtschaftlich genutzt
wird in manchen Gegenden das Harz, das getrock-
net als Mastix in den Handel kommt. Wie die Olive
ist der Mastixstrauch immergrün und benötigt ähn-

ZWILLINGSSTAMM Gestaltungsziel für diese Jung-
pflanze ist ein Zwillingsstamm. Er besteht aus einer
tiefen Gabelung und einer geschlossenen Krone.

liche Pflege. Er lässt sich zu fast allen Bonsai-Stilformen gestalten. Angeboten wird er meist in der Obst-
baum- oder Besen-Stilform (Hokidachi).
Standort Im Sommer im Freien – erst im Halbschatten, später in voller Sonne. Die Pflanze
braucht für zwei bis drei Monate eine Winterruhe
an einem hellen Standort nicht über 15 °C.
Blüte Unscheinbar, männliche Pflanzen mit roten
Blüten. Stehen männliche und weibliche Pflanzen
beieinander, können sich Früchte bilden.
Gießen/Düngen Im Sommer nicht zu reichlich
gießen, im Winterquartier sparsam. Die Erde darf
nie ganz austrocknen. Sparsam und nur in der
Vegetationsperiode düngen.
Schnitt In der Wachstumsphase sind Formschnitte
jederzeit möglich. Kräftiger Rückschnitt vor dem Ein-
räumen im Herbst. Nicht ins kahle Holz schneiden.
Drahten Gut möglich, das Holz ist relativ weich.
Substrat Normale, wasserhaltende Pflanzerde.
Umpflanzen im Frühjahr vor dem Neuaustrieb.
Schädlinge, Krankheiten Wenig anfällig.

 regelmäßig übersprühen Blütenschmuck Fruchtschmuck kann Hautallergien auslösen giftig

Bougainvillea glabra

Bougainvillee

PFLEGE anspruchsvoll | **WINTERTEMPERATUR**
8–15 °C | **DRAHTEN** gut möglich

Die Bougainvillee trägt ihren Namen nach dem französischen Naturforscher Louis Antoine de Bougainville, der sie auf seiner Weltumsegelung 1766–1769 in Südamerika entdeckte. Sie wurde später nach ihm benannt. Als Kübelpflanze wurde sie etwa ab 1840 in Europa eingeführt. Heute wird die üppig blühende Kletterpflanze überall in Gegenden mit subtropischem und mediterranem Klima in zahlreichen Sorten und Farbschlägen angepflanzt. Die ursprüngliche Blütenfarbe ist ein leuchtendes Magentarot. Die eigentlichen Blüten sind kleine, lange

FREI AUFRECHT Dieser Bonsai wurde aus einem alten Exemplar einer Bougainvillee gestaltet. Man hat sie oberhalb der beiden untersten Äste gekappt, die beiden Seitenäste wurden ebenfalls eingekürzt. Nach dem Austrieb neuer Zweige wurde der Strauch ausgegraben und die Wurzel in mehreren Schritten so weit eingekürzt, bis sie in eine Bonsaischale gepflanzt werden konnte.

Röhren, die von Kolibris und Schmetterlingen mit langen Saugrüsseln bestäubt werden. Der für die Bestäuber attraktive Schauapparat wird aus drei umgewandelten Laubblättern, sogenannten Hochblättern oder Brakteen, gebildet.
Als Kübelpflanze und als Bonsai ist *Bougainvillea* ein etwas heikler Pflegling. Das liegt an der gegen Nässe empfindlichen Wurzel. Staunässe ist für die Pflanze ausgesprochen schädlich. Die Erde sollte also gut wasserdurchlässig sein, damit überschüssiges Gießwasser rasch abläuft. Vor allem während der Ruhezeit ist darauf zu achten, dass die Erde nicht zu nass ist. Um sicherzugehen, kann man bei einer gut durchwurzelten Pflanze den Erdballen zur Kontrolle vorsichtig aus dem Gefäß heben. Sind die Wurzelspitzen weißlich und ist die Erde körnig und mäßig feucht, fühlt sich die Pflanze wohl.
Die Wildform der *Bougainvillea glabra* ist sommergrün, d. h., sie wirft im Winter für kurze Zeit ihre Blätter ab. Die heute meist angebotenen Hybriden sind dagegen immergrün. *Bougainvillea glabra* wächst am natürlichen Standort als Liane. Sie begrünt Wände und klettert in Bäume, wo sie sich mit ihren dornigen Zweigen festkrallt. Lianen sind ausgesprochen regenerationsfähig. Sie vertragen einen scharfen Rückschnitt bis nahe an den Wurzelansatz. Das macht sie auch für die Bonsaigestaltung geeignet.

 Sonne Halbschatten viel gießen mäßig gießen wenig gießen

Blühende Bougainvilleen werden im Frühjahr bei uns als Topfpflanzen verkauft. Mit etwas Geduld lassen sie sich zu einem hübschen Bonsai gestalten. Man legt den Stamm bis zum Wurzelansatz frei und schneidet die Krone so aus, dass sie einer Bonsaistilform nahekommt. Das wird den Sommer über optimiert. Im Herbst kommt der neue Bonsai dann in sein endgültiges Pflanzgefäß. Man kann den schnittverträglichen Kletterstrauch dann zu allen denkbaren Bonsai-Stilformen erziehen. Auch Kaskaden und Halbkaskaden sind gut möglich.

Standort Im Sommer fühlt sich die Bougainvillee im Freien am wohlsten – zunächst im Halbschatten, nach der Akklimatisation an einem vollsonnigen Platz. Dort erfreut sie mit einem üppigen Blütenflor. Im Winter benötigt die Bougainvillee dann, wie die mediterranen Pflanzen, für zwei bis drei Monate eine Ruhezeit an einem ausreichend hellen, aber kühlen Standort, an dem die Temperatur nicht über 15 °C steigt.

Blüte Ausgesprochen attraktiv. Die Blüten sitzen in den Blattachseln junger Zweige.

Gießen/Düngen Im Sommer nicht zu reichlich gießen, im Winterquartier sparsam. Die Erde darf nie ganz austrocknen. Nur während der Vegetationsperiode mit Volldünger düngen.

Schnitt Bougainvilleen sind ausgesprochen schnittverträglich. Nach dem ersten Austrieb ist die beste Zeit, um eine Bougainvillee für den kommenden Sommer zu stutzen und neu zu formen. Danach sollte man der Pflanze jedoch die Möglichkeit geben, zu wachsen und ihren Blütenflor zu entwickeln. Man sollte die Krone deshalb ab dem Frühsommer, etwa ab Ende Mai, nicht mehr zu stark beschneiden. Zu lange Neutriebe kann man behutsam einkürzen, sobald sich an den Blattachseln die ersten Blütenknospen zeigen. Man lässt dabei die

BLÜTENFÜLLE Einen *Bougainvillea*-Bonsai sollte man den Sommer über nicht zu stark stutzen, sonst blüht er nur relativ kurze Zeit.

knospentragenden, unteren Teile stehen und schneidet nur die Spitzen ab. Dadurch verliert man zwar einen Teil der zukünftigen Blüten, andererseits bleibt der *Bougainvillea*-Bonsai auf diese Weise einigermaßen in Form. Ein kräftiger Rückschnitt ist dann im Herbst angezeigt, vor dem Einräumen ins Haus. Nicht ins kahle Holz schneiden.

Drahten Das elastische Holz ist selbst bei älteren Zweigen noch ausreichend biegsam. Ein *Bougainviella*-Bonsai lässt sich deshalb problemlos drahten. Wegen der Blüten im Sommer drahtet man die Pflanzen am besten im Frühjahr, solange sie noch wenig Laub und höchstens Blütenknospen besitzen, die nicht so leicht abbrechen.

Substrat Normale, wasserhaltende Pflanzerde. Umpflanzen am besten im Frühjahr vor dem Neuaustrieb.

Schädlinge/Krankheiten Wenig anfällig. Gelegentlich treten Weiße Fliegen sowie Woll- und Schildläuse auf.

GENEIGTER STAMM Wichtiges Altersmerkmal dieses Bonsai sind die abgestorbenen Teile.

Freien am wohlsten – zunächst im Halbschatten, nach der Akklimatisation in voller Sonne. Bei ausreichend kühler Überwinterung – für zwei bis drei Monate an einem hellen, aber kühlen Standort bei maximal 15 °C – verliert der Seidenraupendorn im Winter seine Blätter und macht eine erholsame Ruhephase durch. Sobald die neuen Knospen schwellen, wird der Bonsai dann wieder hell bei zunächst mäßigen Temperaturen aufgestellt. Wenn Ende März die Tage länger und heller werden, kommt der Baum in einen normal beheizten Raum.

Gießen/Düngen Im Sommer reichlich, im Winterquartier sparsamer. Die Erde darf nie ganz austrocknen. Nur in der Vegetationsperiode düngen.

Schnitt Jederzeit möglich. Kräftiger Rückschnitt vor dem Einräumen im Herbst.

Drahten Gut möglich.

Substrat Normale, wasserhaltende Pflanzerde. Umpflanzen am besten im Frühjahr vor dem Neuaustrieb.

Schädlinge/Krankheiten Gelegentlich Befall von Blattläusen, Weißen Fliegen, Woll- und Schildläusen.

Cudrania tricuspidata

Seidenraupendorn

PFLEGE anspruchsvoll | **WINTERTEMPERATUR** 8–15 °C | **DRAHTEN** gut möglich

Die Blätter des Seidenraupendorns werden in China an Seidenraupen verfüttert, daher der deutsche Name. Die beiden chinesischen Schriftzeichen für den Seidenraupendorn bedeuten »Baum« und »Fels« – denn der Baum wächst auf Geröllhalden. Er ist sommergrün und gedeiht in Gegenden mit subtropischem Monsunklima. *Cudrania* ist zweihäusig, d.h., es gibt weibliche und männliche Pflanzen. Die Früchte ähneln denen von Maulbeerbäumen.

Standort Die Pflege entspricht in etwa dem Granatapfel. Den Sommer über fühlt sich *Cudrania* im

 Sonne Halbschatten viel gießen mäßig gießen wenig gießen

mit einer normalenTopfpflanze verwechselt wird. *Duranta* ist immergrün oder halbimmergrün, d. h., sie wirft im Winter nur einen Teil der Blätter ab.

Standort Den Sommer über im Freien, zunächst im Halbschatten, später in voller Sonne. Den Winter über will *Duranta* zwei bis drei Monate lang an einem hellen, kühlen Platz bei Temperaturen nicht über 15 °C stehen. Ab dem Spätfrühling kann sie bei normaler Zimmertemperatur kultiviert werden.

Gießen/Düngen Im Sommer reichlich, im Winterquartier sparsamer. Die Erde darf nie ganz austrocknen. In der Vegetationsperiode braucht sie reichlich Wasser. Düngen nur in der Vegetationsperiode.

Schnitt Weil die Blüten an diesjährigen Trieben erscheinen, kürzt man ab Frühjahr die Neutriebe nicht mehr oder nur sehr behutsam ein. Der Bonsai sieht dann den Sommer über zwar etwas struppig aus, erfreut aber mit wunderschönem Blütenflor. Die Krone lässt sich dann im Herbst durch einen kräftigen Rückschnitt wieder in Form bringen.

Drahten Gut möglich.

Substrat Gut wasserspeichernde, aber trotzdem durchlässige Erde. Umpflanzen im Frühjahr.

Schädlinge/Krankheiten Gelegentlich Befall von Blattläusen, Weißen Fliegen, Woll- und Schildläusen.

Duranta erecta

Traubenbeere/ Himmelsblüte

PFLEGE anspruchsvoll | **WINTERTEMPERATUR** 8–12 °C | **DRAHTEN** gut möglich

Die beiden deutschen Namen zeigen, wie attraktiv diese Pflanze sein kann. Im Sommer überzieht sie sich mit hellblauen Blütenrispen, im Herbst folgen hellrote – leider giftige – Beeren. Die Heimat des Strauchs reicht von Südamerika bis zu den Südstaaten der USA. Will man seine *Duranta* in Blüte sehen, benötigt sie eine Mindesthöhe von 30–40 cm und eine ausreichend locker aufgebaute Krone, am besten in der Stilform Hokidachi (Besenform). Sie erlaubt längere, junge Äste, ohne dass der Bonsai

Rhododendron simsii
Zimmerazalee

PFLEGE anspruchsvoll | **WINTERTEMPERATUR**
8–15 °C | **DRAHTEN** schwierig

Azalea – wie viele Rhododendronarten früher genannt wurden – gehört in Ostasien zu den zehn
wichtigsten Pflanzen in Gärten und Parks. Ihre Blüten symbolisieren die erblühte Weiblichkeit. Japanische Haiku-Dichter wie zum Beispiel Basho (1644–
1694) besangen die Azaleenblüte, und selbst eine
moderne Peking-Oper vergleicht die Rote Azalee
mit der heldenhaften Revolutionärin des Stücks.
Japanische Tempel, etwa der Nezu-Schrein in Tokio,
feiern einmal im Jahr zur Hauptblütezeit Azaleen-
Feste. Es ist also nicht weiter verwunderlich, dass

GENEIGTER STAMM Der Stamm bildet im unteren
Drittel einen scharfen Knick. Dank des langen, nach
links zeigenden Astes wirkt der Bonsai dynamisch.

im Lauf der Jahrhunderte unzählige Zuchtformen
und Sorten in diversen Farben entstanden sind.
Viele Rhododendronarten sind in unseren Breiten
winterhart. Die Heimat der sogenannten Zimmer-
Azalee *(Rhododendron simsii)* sind feuchte Täler und
Schluchten in den Bergwäldern Ostasiens. Die
Stammform liebt kühles, feuchtes Klima, was in
einer Wohnung so nicht geboten werden kann.
Glücklicherweise sind die modernen Züchtungen
etwas weniger anspruchsvoll. Trockene, warme Heizungsluft nehmen sie jedoch übel.
Zimmerazaleen sind für uns so attraktiv, weil sie in
der Regel sogenannte Kurztag-Pflanzen sind und in
den Wintermonaten zwischen November und März
blühen, wenn die Tage kurz sind. Werden sie ausreichend kühl gehalten, halten die Blüten bis zu
zwei Monate.
Die Kronen von Rhododendren verzweigen sich
nach einem relativ seltenen Architekturmodell. Die
Blüten sitzen am Ende einjähriger Triebe, und
direkt dahinter finden sich die Nebenknospen, aus
denen sich die Triebe des nächsten Jahres entwickeln werden. Entlang der jungen Triebe finden sich
ruhende Knospen, die nach dem Schnitt austreiben
können. Vitale Sträucher kann man deshalb sogar
bis ins alte Holz zurückschneiden. Bei eingetopften
Pflanzen ist das jedoch riskant. Geschwächte Pflanzen können schlafende Augen nicht aktivieren.
Mein Tipp Zimmerazaleen sind ideal, um zu tes-
ten, ob sich die Bedingungen in einer Wohnung für
Pflanzen aus Gegenden mit milden Wintern eignen.
In Gärtnereien und Gartenmärkten werden den
Winter über relativ preiswerte, blühende Topf-

 Sonne  Halbschatten  viel gießen  mäßig gießen  wenig gießen

pflanzen angeboten. Darunter finden sich auch für eine Bonsai-Gestaltung geeignete Hochstämmchen (Stilform Hokidachi) und Pyramiden (Stilform Chokkan). Eine solche Pflanze kann man – am besten erst nach der Blüte – als Bonsai weiterkultivieren. Zunächst wird die dichte Krone so weit ausgelichtet, dass nur noch einzeln erkennbare Seitenäste stehen bleiben. Die an diesen Ästen entspringenden Zweige werden auf zwei bis drei Augen – sie sitzen in den Blattachseln – eingekürzt. So entwickelt sich eine dichte Verzweigung. Dank der reduzierten Krone kann man nun auch die Wurzel entsprechend bearbeiten. Der äußere, meist dichte Wurzelfilz wird mit einem scharfen Messer längs eingeschnitten und behutsam entfernt. Nun kann man den zukünftigen Bonsai in ein attraktives, relativ hohes Bonsaigefäß pflanzen.

Vorsicht Rhododendren enthalten in Blättern und Blüten giftige Substanzen, allerdings meist in sehr geringer Konzentration. Man sollte aber trotzdem darauf achten, dass Kleinkinder und Haustiere Blätter oder Blüten nicht verzehren.

Standort Den Sommer über im Freien im Halbschatten. Im Haus auf ausreichende Luftfeuchtigkeit achten. Im Winterquartier brauchen Zimmerazaleen unbedingt einen kühlen Standort nicht über 15 °C. Andernfalls unterbleibt die Blütenbildung und Knospen und Blüten werden abgeworfen. Ist die Luft zu warm und zu trocken, bekommen die Blätter trockene Spitzen. Wird der Standort nicht gewechselt riskiert man, die Pflanze zu verlieren.

Gießen/Düngen Im Sommer reichlich, im Winterquartier sparsamer gießen. Die Erde darf nie austrocknen. Da Rhododendren viel Wasser brauchen und leicht austrocknen, sind relatig große Schalen, wie sie beispielsweise für Halbkaskaden verwendet werden, empfehlenswert. Außerdem sollte man sie

BLÜTENRAUSCH Im Winter überziehen sich Zimmerazaleen mit einem dichten Blütenflor, allerdings nur in ausreichend kühlen Räumen.

möglichst mit Regenwasser gießen, weil Azaleen als Heidekrautgewächse keinen Kalk mögen. Nur während der Vegetationsperiode düngen.

Schnitt Nach der Blüte kräftiger Rückschnitt, danach zu lange Neutriebe einkürzen. Ab September sollte man die Pflanzen nicht mehr schneiden, um die Blütenbildung nicht zu stören.

Drahten Schwierig. Das kurzfaserige Holz ist spröde. Eventuell abspannen.

Substrat Weil ein niedriger pH-Wert wichtig ist, eignet sich als Pflanzsubstrat die übliche Mischung (→ Seite 18), der man, trotz ökologischer Bedenken, etwa ein Drittel Weißtorf beigibt. Später verwendet man am besten eine Mischung aus einem Drittel Kanuma – einem speziell für Azaleen entwickelten Lehmgranulat aus Japan (Bonsai-Fachhandel) –, einem Drittel Torf und einem Drittel Pflanzerde für Topfpflanzen.

Schädlinge/Krankheiten Gelegentlich Befall von Blattläusen, Weißen Fliegen, Woll- und Schildläusen.

Cupressus macrocarpa

Monterey-Zypresse

PFLEGE anspruchsvoll | **WINTERTEMPERATUR**
nicht über 18 °C | **DRAHTEN** möglich

Die Monterey-Zypresse besitzt ein winziges natürliches Verbreitungsgebiet südlich der Monterey-Bay in Kalifornien. Die Wintertemperatur kann bis knapp unter 0 °C sinken. Der Baum wird heute weltweit als Windschutz an der Küste angebaut, rund um den Pazifik, in Südafrika und an der Atlantikküste von Portugal bis England. Monterey-Zypressen gedeihen also in wintermildem, subtropischem und auf Hawaii in fast tropischem Klima und brauchen vor allem hohe Luftfeuchtigkeit. Sie sind ideal für Gestaltungsversuche aus Jungpflanzen, etwa als streng aufrech-

DRACHENSTIL Dieser Bonsai ist als Penjing im Drachenstil gestaltet, mit gewundenem Schlangenleib. Vorbild ist der Blitz im Sommergewitter.

te Form (Chokkan), im Literatenstil (Bunjingi) oder in der chinesischen Drachenform (Long).

Mein Tipp Monterey-Zypressen sind als Topfpflanzen erhältlich. Um einen Chokkan in wenigen Minuten zu gestalten, stellt man die Seitenäste flach und lichtet zu dichte Zweige aus. Dazu kürzt man die aufrechten Seitenäste jeweils bis auf einen waagerechten Seitenzweig ein. Die unteren Äste lässt man länger als die weiter oben stehenden, sodass eine schlanke Pyramide entsteht. Ist der Baum zu lang, kürzt man den Stamm bis zu einem Seitenast ein. Dieser muss dicht am Stamm einen senkrechten Seitenzweig besitzen, der dann den neuen Gipfel ergibt. Der Neutrieb wird dann zwei- bis viermal im Jahr beschnitten oder mit den Fingern abgezupft.

Standort Den Sommer über im Freien. Wintertemperatur nicht über 18 °C. Auf ausreichend hohe Luftfeuchtigkeit im Winterquartier achten.

Gießen/Düngen Im Sommer reichlich gießen, im Winterquartier nicht zu wenig. Während der Vegetationsperiode alle drei bis sechs Wochen düngen.

Schnitt Beim Schnitt muss wenigstens ein Seitenzweig stehen bleiben, der weiterwachsen kann.

Drahten Bei entsprechender Vorsicht möglich. Die feinen Nadeln werden durch den Draht leicht eingeklemmt. Außerdem reißen die Seitenäste an der Verzweigung zum Stamm leicht ein. Seitenäste beim Flachstellen also nicht nach unten knicken, sondern ein Stück weiter außen vorsichtig abbiegen.

Substrat Normale, wasserhaltende Pflanzerde. Umpflanzen am besten im Frühjahr.

Schädlinge/Krankheiten Wenig anfällig, Wurzelfäule bei Staunässe.

 Sonne Halbschatten  viel gießen mäßig gießen wenig gießen

Podocarpus macrophyllus

Buddhisten-Steineibe

PFLEGE anspruchsvoll | **WINTERTEMPERATUR**
nicht über 18 °C | **DRAHTEN** möglich

Podocarpus macrophyllus besitzt das nördlichste Verbreitungsgebiet unter den Steineiben: Südchina, Südjapan und die Ryukyu-Inseln südwestlich von Japan. Dort herrscht subtropisches Klima mit hohen Niederschlägen. Die Buddhisten-Steineibe verträgt keinen Frost, sie verlangt jedoch, wie die Monterey-Zypresse, eine kühle Überwinterung bei ausreichend hoher Luftfeuchtigkeit. Wohnzimmerklima im Winter ist für einen *Podocarpus*-Bonsai nach wenigen Tagen tödlich. Als Nadelgehölz zeigt sie Gießfehler so gut wie nicht an. Selbst wenn die Pflanze

unter Stress steht, verändern die steifen Nadeln zunächst kaum ihr Aussehen. Nur der sehr erfahrene Pflanzenliebhaber wird die feinen Veränderungen in Form und Farbe rechtzeitig erkennen. Man sollte die Pflanzen also sehr regelmäßig wässern und – vor allem im Winter – für ausreichend hohe Luftfeuchtigkeit sorgen. Ansonsten ist *Podocarpus* eigentlich eine robuste Pflanze.

Standort *Podocarpus* liebt einen hellen Standort. Den Sommer über fühlt sich die Pflanze an einem hellen Platz im Freien am wohlsten. Volle Mittagssonne sollte man vermeiden. Wintertemperatur nicht über 18 °C. Auf hohe Luftfeuchtigkeit im Winter achten.

Gießen/Düngen Mäßig gießen und darauf achten, dass der Wurzelballen nie austrocknet. Eine Dochtbewässerung ist bei *Podocarpus* sinnvoll (→ Seite 17). Während der Vegetationsperiode alle drei bis sechs Wochen düngen.

Schnitt Ein Rückschnitt ist nur an den benadelten Seitenästen möglich. Es müssen unbedingt noch einige Nadeln stehen bleiben, sonst trocknet der Zweig ab. Zu lange Äste können auf benadelte Seitenäste eingekürzt werden. Beim Schnitt größerer Äste muss wenigstens ein intakter Seitenzweig stehen bleiben, der dann weiterwachsen kann.

Drahten Die jungen Zweige sind elastisch und können gut gedrahtet werden. Da die Pflanze sehr langsam wächst, schneidet der Draht auch erst nach längerer Zeit ein. Störende Nadeln vor dem Drahten entfernen und nicht einklemmen. Härtere Zweige eventuell abspannen.

Substrat Wichtig: eine gut wasserhaltende Pflanzerde, die aber so locker ist, dass keine Staunässe entsteht. Umpflanzen am besten im Frühjahr.

Schädlinge/Krankheiten Wenig anfällig. Gelegentlich Schild- und Wollläuse.

STRENG AUFRECHT Mit dem dominierenden untersten Ast und den sichtbaren Wurzelansätzen wirkt der Bonsai trotz seiner Schwere elegant.

hellen, ungeheizten Treppenhaus. Im Weinbauklima kann man diese Pflanzen den Winter über ohne Schale an einem geschützten Platz im Garten einpflanzen und die Krone mit Tannenzweigen abdecken, um sie vor der Wintersonne zu schützen. Im Bonsaihandel werden indoortaugliche Buchspflanzen meist unter dem veralteten Namen *Buxus harlandii* geführt. Die Systematiker führen die ostasiatischen Formen derzeit alternativ als Unterarten von *B. microphylla* oder *B. sinica*.

Standort Den Sommer über am besten im Freien. Im Winter Temperatur nicht über 15 °C. Auf hohe Luftfeuchtigkeit im Winter achten.

Gießen/Düngen Im Sommer ausreichend, im Winterquartier weniger gießen. In der Vegetationsperiode ca. alle drei bis sechs Wochen düngen.

Schnitt Jederzeit möglich.

Drahten Möglich, aber nur bei den noch elastischen, jüngeren Zweigen empfehlenswert.

Substrat Normale, wasserhaltende Pflanzerde. Umpflanzen am besten im Frühjahr.

Schädlinge/Krankheiten Wenig anfällig.

Mein Tipp Chinesischer Buchs wird häufig in reinen Lehm gepflanzt angeboten. Dieses kompakte Substrat kann man nur mit einer sehr feinen Brause durchdringend gießen, was nur im Freien oder im Gewächshaus geht. Damit man die Pflanze normal gießen kann, pflanzt man sie in ein durchlässigeres Substrat um. Dazu wird der Lehm weitgehend aus der Wurzel ausgewaschen und das neue Substrat relativ trocken eingefüllt. Danach stellt man das Gefäß für einige Stunden in Wasser, damit sich das neue Substrat eng an die Wurzeln anschließt.

Buxus microphylla var. *sinica* (syn. *B. harlandii*)

Chinesischer Buchsbaum

PFLEGE anspruchsvoll | **WINTERTEMPERATUR** nicht über 15 °C | **DRAHTEN** möglich

Einige als Zimmerbonsai kultivierte Arten stammen, wie etwa der Buchsbaum, aus dem Weinbauklima, in dem die Wintertemperatur gewöhnlich nicht unter -15 °C sinkt. Solche Gehölze brauchen als Zimmerpflanzen eine sehr aufmerksame Pflege, um auch in der Wohnung alt zu werden. Vor allem verlangen sie über den Winter eine echte Ruhephase von wenigstens zwei Monaten, in der sie kühl und bei hoher Luftfeuchtigkeit stehen. Das beste Winterquartier ist ein knapp frostfreies Gewächshaus, möglich ist aber auch ein Fensterplatz in einem

 Sonne  Halbschatten viel gießen   mäßig gießen   wenig gießen

Ligustrum sinense
Chinesischer Liguster

PFLEGE anspruchsvoll | **WINTERTEMPERATUR**
nicht über 15 °C | **DRAHTEN** möglich

Die Heimat des Chinesischen Ligusters ist Zentral-
china. Der Strauch ist einigermaßen frosthart, immergrün und trägt im Sommer aromatisch duftende, weiße Blütentrauben. Wie alle Ligusterarten ist
er außerordentlich schnittverträglich. Neben der
normal-grünen Form existiert auch eine weiß-bunte
Sorte. Sie ist im Wuchs etwas schwächer und blüht
auch weniger üppig. Als Bonsai sind praktisch alle
Stilformen mit dieser Pflanze möglich.
Standort In der Wohnung bevorzugt der Chinesische Liguster einen hellen, nicht vollsonnigen

BESENFORM Die untersten Äste wurden zu Beginn
der Gestaltung mit Bonsaidraht zu eleganten, tief
herabgezogenen Kurven geformt.

Standort. Den Sommer über stellt man ihn am besten
ins Freie. Wintertemperatur nicht über 15 °C. Es
reicht aber auch eine Nachtabsenkung auf 5–10 °C
aus (→ Seite 42). Auf hohe Luftfeuchtigkeit im Winter achten.
Gießen/Düngen Im Sommer ausreichend gießen,
während der Winterruhe nur so viel, dass der Wurzelballen mäßig feucht bleibt. Hohe Luftfeuchtigkeit ist während des Winters besonders wichtig.
Doch auch dabei ist Augenmaß erforderlich. Zu große Feuchtigkeit fördert Schadpilze wie Grauschimmel und Mehltau. Düngen während der Vegetationsperiode ca. alle drei bis sechs Wochen.
Schnitt Jederzeit möglich. Soll die Pflanze blühen,
darf man ab März nicht mehr schneiden. Nach der
Blüte erfolgt dann ein scharfer Rückschnitt.
Drahten Gut möglich, die Zweige sind elastisch.
Substrat Normale, wasserhaltende Pflanzerde.
Umpflanzen am besten im Frühjahr.
Schädlinge/Krankheiten Wenig anfällig.

Zelkova serrata

Zelkove

PFLEGE anspruchsvoll | **WINTERTEMPERATUR** nicht über 10 °C | **DRAHTEN** möglich

Die Zelkove ist in Mitteleuropa frosthart. Die Bäume werden ausgepflanzt im Park bis zu 30 m hoch. Wegen ihres feinen Laubs, der guten Schnittverträglichkeit und der aparten Herbstfärbung gestaltet man sie in ihrer Heimat Japan, China, Taiwan und Korea gern als Bonsai. Aus Südchina importierte Bäume, die an wintermildes bis subtropisches Klima angepasst sind, werden hierzulande als Zimmerbonsai angeboten. Ihre Pflege erfordert entsprechende Aufmerksamkeit. Zelkoven benötigen auf jeden Fall eine Winterruhe.

STRENG AUFRECHT Ein gerader Stamm mit relativ steifer Krone und waagerechten Ästen. Der Schwung an der Spitze macht den Bonsai elegant.

Standort In der Wohnung braucht die Zelkove den Sommer über einen sehr luftigen und hellen Platz ohne pralle Mittagssonne. Am besten stellt man sie jedoch ins Freie. Den Winter über sollte der Baum für wenigstens zwei Monate so kühl – nicht über 10 °C – aufgestellt werden, dass seine Blätter in die Herbstfärbung übergehen und der Baum das Herbstlaub anschließend auch abwirft. Danach kann er zunächst dunkel stehen – etwa in einem kühlen Keller –, bis die Knospen zu schwellen beginnen. Das ist je nach Temperatur im Winterquartier im Februar oder März der Fall. Jetzt benötigt der Baum einen noch immer recht kühlen, aber ausreichend hellen Standort, damit die jungen Zweige nicht lang und dünn austreiben und ständig beschnitten werden müssen. Auf ausreichende Luftfeuchtigkeit im Winter achten.

Gießen/Düngen Im Sommer ausreichend, im Winterquartier weniger gießen. Während der Vegetationsperiode ca. alle drei bis sechs Wochen düngen.

Schnitt Jederzeit möglich. Der Baum verträgt starke Rückschnitte bis auf die innersten Blätter bzw. noch erkennbare Knospen. Ein Schnitt ins kahle Holz führt jedoch meist zum Verlust des Astes.

Drahten Drahten ist möglich, das Holz der Zelkove ist relativ elastisch. Allerdings ist die Rinde sehr zart, sodass der Draht rasch einwächst. Abspannen mit einem ordentlichen Polster unter der Drahtschlinge ist deshalb besser.

Substrat Normale, wasserhaltende Pflanzerde. Umpflanzen am besten im Frühjahr.

Schädlinge/Krankheiten Relativ anfällig gegen Spinnmilben und Schildläuse.

 Sonne  Halbschatten  viel gießen   mäßig gießen   wenig gießen

Ulmus parvifolia
Japanische Ulme

PFLEGE anspruchsvoll | **WINTERTEMPERATUR** nicht über 10 °C | **DRAHTEN** möglich

Für die Japanische Ulme gelten dieselben Empfehlungen wie für die Zelkove. Auch bei der Ulme stammen die als Bonsai angebotenen Pflanzen meist aus Gegenden ohne Winterfröste, sodass von einer Überwinterung im Freien abzuraten ist.

Standort Den Sommer über am besten im Freien. Wintertemperatur nicht über 10 °C. Auf hohe Luftfeuchtigkeit im Winter achten.

Gießen/Düngen Im Sommer ausreichend, im Winterquartier weniger. Während der Vegetationsperiode alle drei bis sechs Wochen düngen.

Schnitt Jederzeit möglich.

Drahten Mit großer Vorsicht, da die Rinde empfindlich ist. Abspannen empfehlenswert.

Substrat Normale, wasserhaltende Pflanzerde. Umpflanzen am besten im Frühjahr.

Schädlinge/Krankheiten Relativ anfällig gegen Spinnmilben, Schild- und Wollläuse.

Zanthoxylum piperitum
Szechuan-Pfeffer

PFLEGE anspruchsvoll | **WINTERTEMPERATUR** nicht über 18 °C | **DRAHTEN** möglich

Der Szechuan-Pfeffer ist ein bis zu 2 m hoher Strauch aus den Bergregionen Ostasiens. Die Früchte ergeben gemahlen ein scharfes Gewürz. Obwohl die Pflanze am natürlichen Standort im Winter die Blätter abwirft, gilt sie als immergrüner Zimmerbonsai. Das trifft zu, wenn man sie im Winter über ca. 10 °C hält, was sie einige Winter lang verträgt.

Standort Den Sommer über am besten im Freien. Wintertemperatur nicht über 18 °C.

Gießen/Düngen Im Sommer ausreichend, im Winterquartier weniger. Während der Vegetationsperiode alle drei bis sechs Wochen düngen.

Schnitt Jederzeit möglich.

Drahten Gut möglich.

Substrat Normale, wasserhaltende Pflanzerde. Umpflanzen am besten im Frühjahr.

Schädlinge/Krankheiten Relativ anfällig gegen Blatt- und Schildläuse.

---

regelmäßig übersprühen ✿ Blütenschmuck Fruchtschmuck kann Hautallergien auslösen giftig

Akadama

Aus Japan importiertes Lehmgranulat, speziell für Bonsai. Kann für Zimmerbonsai anstatt → Bims oder → Ziegelgranulat der Pflanzerde beigemischt werden.

Bims

Feinporiges, vulkanisches Gestein, das als Bimskies (Körnung etwa 3–6 mm) der Pflanzerde für Zimmerbonsai beigemischt werden kann. Bims ist relativ leicht und enthält für Pflanzen wichtige Spurenelemente.

Bonsai

Japanische Bezeichnung für künstlerisch gestaltete Bäume im Miniaturformat, die in Schalen kultiviert werden. → Bonsaistilformen

Bonsaidraht

Spezieller, relativ weicher Draht aus Aluminium in verschiedenen Stärken. Wird gebraucht, um Zweige und Stamm eines zukünftigen Bonsai in eine neue Form zu bringen.

Bonsaidünger

Im Fachhandel angebotene Spezialdünger, meist für Freilandbonsai. Für Zimmerbonsai sind feinkörnige organische Dünger, z. B. Hornmehl, sowie Flüssigdünger empfehlenswert, die man dem Gießwasser beimischt.

Bonsaierde

Im Fachhandel angebotene, meist relativ feinkörnige Spezialerden. Für die meisten Zimmerbonsai ist eine Mischung aus normaler Pflanzerde oder Laubkompost und einem mineralischen Granulat (Akadama, Bims oder Ziegelgranulat) empfehlenswert (→ Seite 18/19).

Bonsaischale

Speziell für Bonsai hergestellte Pflanzgefäße mit großen Wasserabzugslöchern. Meist aus hoch gebrannter, wasserfester Keramik, seltener aus Porzellan. Die ideale Schalengröße richtet sich nicht nach der vorhandenen Wurzel des Bonsai, sondern sie soll mit dem Erscheinungsbild des Baums harmonieren (→ Seite 18).

Bonsaistilformen

In jahrhundertealter Tradition in Japan festgelegter Kanon von Erscheinungsformen für Bonsai mit jeweils unterschiedlicher Symbolik. Die häufigsten Stilformen sind: → Bunjingi, Chokkan, Han-Kengai und Kengai, Hokidachi, Kabudachi, Moyogi, Neagari, Shakan und Sokan.

Bonsaiwerkzeug

Spezielle, von japanischen Bonsaigärtnern entwickelte Werkzeuge für die Bonsai-Gestaltung. Für den Anfänger genügen heimische Werkzeuge: Rosen- und Stecklingsschere, Seitenschneider und Flach- bzw. Kombizange (→ Umschlagseite hinten).

Bunjingi

Literaten-, besser Kalligraphenstil. Filigrane Bonsai, gewissermaßen als Kalligraphien gestaltet. Als Kalligraphien bezeichnet man hier künstlerisch gestaltete Schriftzeichen der chinesischen und japanischen Schrift.

Chokkan

Streng aufrecht gestaltete Bonsaiform als Symbol eines von Wetter bzw. Schicksalsschlägen unbeeindruckten Wesens.

Fotosynthese

Fähigkeit grüner Pflanzen, mithilfe von Lichtenergie aus Wasser und Kohlenstoffdioxid Kohlenhydrate herzustellen.

Han-Kengai

Halbkaskade; Stilform, bei der die Krone nicht tiefer herabreicht als der Schalenboden.

Hokidachi

Besenform; Stilform, die ähnlich einem Obstbaum mit frei stehendem Stamm und schirmförmiger Krone gestaltet wird.

Kabudachi

Gruppe von zwei oder mehreren Bäumen, die aus einer gemeinsamen Wurzel zu entspringen scheinen; Symbol für das Ehepaar oder eine eng zusammengewachsene Familie.

Kanuma

Aus Japan importiertes Lehmgranulat mit niedrigem → pH-Wert, speziell für aus Moorbeetpflanzen (z. B. Rhododendren) gestaltete Bonsai.

Kengai

Kaskade; Stilform, bei der die Krone tiefer herabreicht als der Schalenboden.

Knospe

Struktur, die sich je nach Anlage zu einem Blatt, einer Blüte oder einem Zweig entwickeln kann.

Moyogi

Frei aufrechte Stilform; symbolisiert den Lebenskünstler, der sich wechselnden Bedingungen anpasst.

Nachtabsenkung

Möglichkeit, kältebedürftige Pflanzen während des Winters in tagsüber beheizten Räumen zu kultivieren. Die Heizung wird über die Nacht so eingestellt, dass die Raumtemperatur bis knapp über den Gefrierpunkt absinken kann.

Neagari

Wurzelstil; Bonsai mit zusätzlichen, sprossbürtigen, sogenannten Luftwurzeln oder mit Stelzwurzeln. In der Natur kommen derartige Bäume im tropischen Regenwald (Luftwurzeln) oder als Mangrove an tropischen Küsten (Stelzwurzeln) vor. In der Wohnung symbolisieren sie üppiges, tropisches Wachstum.

Penjin

Chinesische Bezeichnung für Bonsai. Penjin haben eine längere Tradition als Bonsai, und sie zeichnen sich z. T. durch Stilformen aus, die in Japan wenig gebräuchlich sind.

pH-Wert

Maßzahl für den Säuregehalt. Die Mehrzahl der Pflanzen bevorzugen schwach saure Böden (pH 5,5–6). Die sogenannten Moorbeetpflanzen, z. B. die meisten Vertreter der Rhododendren, gedeihen in Böden mit niedrigeren pH-Werten von ca. pH 4,5–5.

Schlafendes Auge

Unvollständig vorgebildete Knospenanlage, die bei vitalen Pflanzen nach Stress (z. B. → Schnitt ins kahle Holz) austreiben kann. Bei Bonsai mit ihrem begrenzten Wurzelraum ist die Aktivierung schlafender Augen nicht immer möglich.

Schnitt ins kahle Holz

Drastischer Rückschnitt, bei dem am abgeschnittenen Ast oder Stamm kein Seitenzweig oder Blatt mehr stehen bleibt. Falls der Stummel → schlafende Augen enthält und die Struktur genügend vital ist, können die schlafenden Augen durch den Verlust grüner Blätter aktiviert werden und austreiben.

Shakan

Stilform eines Baums mit geneigtem Stamm. Es gibt hier zwei unterschiedliche Formen. Der Baum, der sich scheinbar im weichen Boden zur Seite geneigt hat, trägt den Hauptast als Gegengewicht, gewissermaßen um die Balance zu halten (→ Seite 11, Abb.). Beim »Sonnenanbeter« steht der Hauptast dagegen in Fallrichtung des Baums (→ vordere Klappe).

Sokan/Soju

Zwillings- oder Doppelstamm; Stilform, die eine Zweierbeziehung symbolisiert. Wird aus einer Wurzel oder aus benachbarten Pflanzen gestaltet. Man kann den Zwillingsstamm auch aus einem Einzelbaum mit tief angesetzter Vergabelung gestalten.

Staunässe

Für Topfpflanzen lebensbedrohlich. Kann überschüssiges Gießwasser nicht ablaufen, wird die Pflanzerde nicht ausreichend belüftet. In der dann sauerstoffarmen Umgebung sterben die Pflanzenwurzeln ab.

Zellatmung

Energiegewinnung lebender, nicht grüner Gewebe durch Abbau von Kohlenhydraten unter Sauerstoffverbrauch. Wegen dieser lebensnotwendigen Atmung können z. B. Wurzeln nur in ausreichend belüfteten Substraten gedeihen (→ Staunässe).

Ziegelgranulat

Im Gartenhandel angebotenes, feinkörniges Granulat, das der Pflanzerde für Zimmerbonsai beigemischt werden kann.

Zimmerbonsai

Bezeichnung für Bonsai, die aus Gehölzen gestaltet sind, die in unseren Breiten nicht ausreichend frosthart sind und zumindest während der Wintermonate im Haus untergebracht werden müssen.

Bonsai-Clubs

> Bonsai-Club Deutschland e.V. (BCD)
Duisburger Straße 83 b
47166 Duisburg
Auf der Homepage finden Sie auch Informationen über die Arbeitskreise und ausgewählte Händler in Deutschland; eigene Bonsai-Zeitschrift
www.bonsai-club-deutschland.de

> Dachverband Österreichischer Bonsaivereine (DÖBV), Austrian Bonsai Association (ABA)
Feschingstraße 126
9020 Klagenfurt
www.bonsai-austria.at

> Vereinigung Schweizer Bonsai-Freunde (VSB)
Frau Janine Mathys
Postfach
5107 Schinznach Dorf
www.bonsai-vsb.ch

Wichtige **Hinweise**

> Wenn Sie sich bei der Arbeit mit Pflanzen und Erde verletzen, sollten Sie umgehend einen Arzt aufsuchen. Eventuell ist eine Impfung gegen Tetanus erforderlich.

> Bewahren Sie Pflanzenschutzmittel und Dünger (auch Bio-Produkte) für Kinder und Haustiere unerreichbar auf. Halten Sie bei der Anwendung Kinder fern.

> Nach dem Kontakt mit giftigen Pflanzen sollte man sich die Hände waschen. Halten Sie giftige Pflanzen von Kindern fern.

Bezugsquellen

> Beck-Bonsai
Josef-Schmitt-Straße 27
76187 Karlsruhe
www.beck-bonsai.de

> Bonsai-Gärtnerei Kastner
Eichenstraße 11
86477 Adelsried
www.bonsai-kastner.de

> Bonsai-Zentrum Münsterland
Raiffeisenstraße 22
59387 Ascheberg
www.bonsai.de

> Bonsai Zentrum Heidelberg
Mannheimer Straße 401
69123 Heidelberg-Wieblingen
www.bonsai-heidelberg.de

> Bonsai-Centrum-München
Schleißheimerstraße 458
80935 München
www.bonsai-centrum-muenchen.de

> Bonsai Zentrum Moers
Wilfried Geßner
Daheimstraße 17
47447 Moers
www.bonsai-zentrum.com

> Bonsai Zentrum Frankfurt
Friedberger Landstraße 520
60389 Frankfurt
www.bonsai-zentrum-frankfurt.de

> Suteki Bonsai Zentrum
Uferstraße 8–11
13357 Berlin
www.suteki.de

Zeitschrift

> Bonsai-art
Kros und Exner GbR
Verlags- und Vertriebsgesellschaft
Weseler Straße 34, 48151 Münster
www.bonsai-art.de

Bücher

> Johann Kastner: Bonsai formen: Schritt für Schritt zum Bonsai-Profi. Gräfe und Unzer Verlag, München

> Maggie Keswick, Jo Christian: Der Chinesische Garten. Geschichte, Kunst, Architektur. Ulmer Verlag, Stuttgart

> Joachim Mayer: Balkon & Kübelpflanzen. Gräfe und Unzer Verlag, München

> Horst Stahl: Bonsai: Vom Grundkurs zum Meister. Franckh-Kosmos Verlag, Stuttgart

> Jiro Takei, Marc Peter Keane: Sakuteiki oder die Kunst des japanischen Gartens. Ulmer Verlag, Stuttgart

> Harry Tomlinson: Bonsai Gestaltung und Pflege. Dorling Kindersley, München

Dank

Verlag und Autor danken Edis Ziegler vom Bonsaizentrum Heidelberg (www.bonsai-heidelberg.de) und Andrea und Erik Wigert von Wigert's Bonsai, Florida (www.wigertsbonsai.com) für die wertvolle Zusammenarbeit.
Der Verlag dankt dem Autor Jochen Pfisterer für die kreative Unterstützung beim Foto-Shooting.

Bildnachweis

Alle Fotos in diesem Buch stammen von Alexander Ehhalt mit Ausnahme von:
Alamy: 36-2, 37-2, 49-2; **F!online:** 45-2; **Florapress:** 43-1; **Getty Images:** 6; **Laif/Marc Dozier:** 7; **Mauritius Images:** 2, 29-2, 41-2, 47, 51; **Nova-Photo-Graphik Wien:** 38-2; **Jochen A. Pfisterer:** 11-1 bis 11-5, 21-1 bis 21-3, 52; **Reinhard-Tierfoto/Hans Reinhard:** 42, 50; **Frank Teigler:** Cover; **Erik Wigert:** 46, U4-2; **Wildlife / D. Harms:** 43-2.
Alle Zeichnungen im Buch stammen von **Jochen A. Pfisterer**, mit Ausnahme S. 6 (**Getty Images**).

Gartenlust pur

Die neuen Pflanzenratgeber – da steckt mehr drin

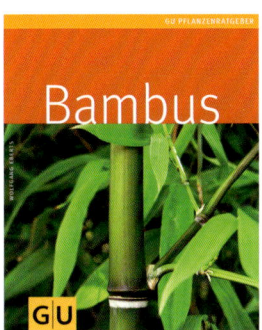

ISBN 978-3-8338-0530-1
64 Seiten

ISBN 978-3-8338-1421-1
64 Seiten

ISBN 978-3-8338-0532-5
64 Seiten

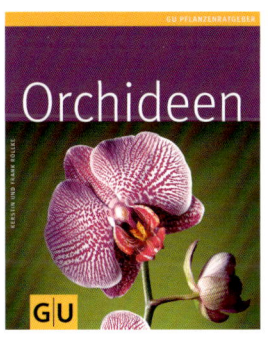

ISBN 978-3-8338-0527-1
64 Seiten

ISBN 978-3-8338-0531-8
64 Seiten

ISBN 978-3-8338-0533-2
64 Seiten

Änderungen und Irrtum vorbehalten.

Das macht sie so besonders:

Praxiswissen kompakt – vermittelt von GU-Gartenexperten

Praktische Klappen – alle Infos auf einen Blick

Die 10 GU-Erfolgstipps – so gedeihen Ihre Pflanzen gut

Willkommen im Leben.

Unsere Garantie

Alle Informationen in diesem Ratgeber sind sorgfältig und gewissenhaft geprüft. Sollte dennoch einmal ein Fehler enthalten sein, schicken Sie uns das Buch mit dem entsprechenden Hinweis an unseren Leserservice zurück. Wir tauschen Ihnen den GU-Ratgeber gegen einen anderen zum gleichen oder ähnlichen Thema um.

Liebe Leserin und lieber Leser,

wir freuen uns, dass Sie sich für ein GU-Buch entschieden haben. Mit Ihrem Kauf setzen Sie auf die Qualität, Kompetenz und Aktualität unserer Ratgeber. Dafür sagen wir Danke! Wir wollen als führender Ratgeberverlag noch besser werden. Daher ist uns Ihre Meinung wichtig. Bitte senden Sie uns Ihre Anregungen, Ihre Kritik oder Ihr Lob zu unseren Büchern. Haben Sie Fragen oder benötigen Sie weiteren Rat zum Thema? Wir freuen uns auf Ihre Nachricht!

Wir sind für Sie da!
Montag – Donnerstag: 8.00 – 18.00 Uhr;
Freitag: 8.00 – 16.00 Uhr
Tel.: 0180-5 00 50 54*   *(0,14 €/Min. aus
Fax: 0180-5 01 20 54*   dem dt. Festnetz/
                            Mobilfunkpreise
E-Mail: maximal 0,42 €/Min.)
leserservice@graefe-und-unzer.de

P.S.: Wollen Sie noch mehr Aktuelles von GU wissen, dann abonnieren Sie doch unseren kostenlosen GU-Online-Newsletter und/oder unsere kostenlosen Kundenmagazine.

GRÄFE UND UNZER VERLAG
Leserservice
Postfach 86 03 13
81630 München

Redaktion: Dr. Michael Eppinger
Lektorat: Barbara Kiesewetter
Bildredaktion: Caroline Davis
Umschlaggestaltung und Layout: independent Medien-Design, Horst Moser, München
Herstellung: Claudia Labahn
Satz: Liebl Satz+Grafik, Emmering
Reproduktion: Longo AG, Bozen
Druck: Firmengruppe APPL, aprinta druck, Wemding
Bindung: Firmengruppe APPL, sellier druck, Freising

Printed in Germany

ISBN 978-3-8338-2211-7

1. Auflage 2011

Syndication:

www.jalag-syndication.de

Umwelthinweis

Dieses Buch ist auf PEFC-zertifiziertem Papier aus nachhaltiger Waldwirtschaft gedruckt. Um Rohstoffe zu sparen, haben wir auf Folienverpackung verzichtet.

GRÄFE UND UNZER

Ein Unternehmen der
GANSKE VERLAGSGRUPPE

Der Autor

Jochen Pfisterer, Gärtner und Biologe, ist durch Fachartikel, Vorträge und seine Bonsai-Videos im In- und Ausland bekannt. Er war über 20 Jahre lang Mitinhaber einer Bonsai-Gärtnerei und gestaltet seit 1972 Zimmer- und Freiland-Bonsai. Heute ist er vor allem als Autor zahlreicher Fachartikel und Vorträge über Bonsai und die ostasiatische Kultur tätig sowie als Fachautor und Sachverständiger für Baumbiologie und Baum- und Gehölzpflege.

Der Fotograf

Alexander Ehhalt arbeitet als selbstständiger Fotograf und ist Mitbegründer des Fotostudios Lossen Fotografie Heidelberg sowie der Heidelberg Images Fotogalerie est. 2005.
In den 25 Jahren, in denen er als Fotograf agierte, hat er nicht nur seine photographischen Techniken und seine visuelle Wahrnehmung in der Werbefotografie verfeinert, sondern sich auch verstärkt auf seine persönliche Leidenschaft – Natur und Landschaften – konzentriert.
www.lossen-fotografie.de